JN105448

Basic Traditional Chinese Vocabulary

Taiwan

台湾華語単語はじめの1000

林虹瑛
Lin Koei

ask

❈はじめに❈

近頃、台湾社会は安定した成長を遂げ、日台間の交流はますます盛んになっています。数年前、私が日本の大学で中国語を教えていたとき、最初の授業では学生に「どうして中国語を学ぶことにしたのですか？」と聞くことにしていました。すると毎年必ず数名の学生から「台湾旅行に行って学びたいと思った」という答えが返ってきます。高校の修学旅行や卒業旅行ではじめて日本を出て先生や友達と台湾を訪れたとき、観光はもちろん、現地の人やもの、出来事などあらゆることが印象深かったというのです。さらに社会人でも、台湾旅行にすっかりはまり、中国語の学習を始めたという方々がいます。しかし、そうした学習者の方の多くが直面するのは「台湾華語のテキストが少なく、満足な学習環境が得られない」という悩みです。そんななか 2020 年に、この『台湾華語単語 はじめの 1000』の制作というご縁に巡り合うことができました。

本書は以下のような理念と考えをもとに制作しました。

1.「TOCFL（華語文能力測驗）」入門～初級レベルに対応する基礎単語 1000 語を網羅

本書は TOCFL Band A の受験者や華語の基本を学びたい方を対象としています。Step ごとに見出し語や例文の難易度が少しずつ上がるようになっています。

2. 台湾教育部の標準字体と注音符号を使用

本書の見出し語と例文は、日本の文科省に相当する台湾教育部が定める標準字体（「正体字」、通称「繁体字」）で記載し、発音は注音符号で表しています。それによって台湾留学や旅行を考えている学習者のみなさんに、現地に近い学習環境を提供します。同時に簡体字と比較し、形が異なる字には注を付けたので、簡体字で中国語を学んだことのある方も学習しやすくなっています。
※字体や注音符号などについて、詳しくはp.10をご覧ください。

3. 台湾要素を多く含んだ実用的な例文
学習者のみなさんに、より現地に近い華語の環境を提供できるよう、実際の日常会話で使う表現を例文に取り上げています。例文の中には、観光旅行でよく目にする食べ物や飲み物、観光スポットはもちろん、台湾の暮らしの中でよく耳にする名前の呼び方や著名人のニックネーム、慣用表現といった隠れた仕掛けを盛り込みました。台湾社会に少し詳しい方なら読んで思わずクスっと笑ってしまうようなものもあるかもしれません。ぜひ見つけてください。

最後に、多方面にわたるサポートと励ましをくれた編集の伊藤早紀さん、一緒に中国語部分の録音を担当した廖怡錚先生、日本語部分を担当した高野涼子さん、そして編集の由利真美奈さんや関わってくださったみなさま、さらには愛する家族の応援に感謝します。
「われ思うゆえにわれあり」。本書を手に取った読者の方々が、学習を通してまったく新しい言語や文化の扉を開け、自分への理解を深めるとともに、国際交流への第一歩を踏み出してくれることを願っています。自己の存在への挑戦の道のりにおいて、あなたはけっして一人ではありません。

林 虹瑛

目次

Step 3

<巻末付録>

見出し語の番号

カテゴリ

見出し語

本書の見出し語は、台湾の國家華語測驗推動工作委員會が公開している「華語八千詞」をもとに選定しています。

チェック欄

★

華語と表記や発音、語彙が異なる場合の普通話を併記しています。
例：
★脚踏车＜自行车
→中国大陆では自行车の方が多く使われる

品詞の表示

- 名…名詞
- 代…代詞
- 疑…疑問詞
- 量…量詞
- 動…動詞
- 動[離]…離合動詞（離合詞）
- 助動…助動詞
- 形…形容詞
- 前…前置詞
- 助…助詞
- 副…副詞
- 接…接続詞
- フ…フレーズ

位置や場所

013

109 那ㄋㄚˋ裡ㄌㄧˇ nàlǐ
★那里
名 そこ、あそこ
〓 那（兒）

110 那ㄋㄚˋ兒ㄦ nàr
★那儿
名 そこ、あそこ
〓 那裡

111 哪ㄋㄚˇ裡ㄌㄧˇ nǎlǐ
★哪里
疑 どこ
〓 哪（兒）

112 哪ㄋㄚˇ兒ㄦ nǎr
★哪儿
疑 どこ
〓 哪裡

113 上ㄕㄤˋ(面ㄇㄧㄢˋ) shàng(miàn)
名 上、～の上、前の
⟷ 下（面）
関連▶▶ 上 動 (690)

114 下ㄒㄧㄚˋ(面ㄇㄧㄢˋ) xià(miàn)
名 下、～の下、次の
⟷ 上（面）
関連▶▶ 下 動 (691)

115 外ㄨㄞˋ(面ㄇㄧㄢˋ) wài(miàn)
名 外、外側、表面

116 前ㄑㄧㄢˊ(面ㄇㄧㄢˋ) qián(miàn)
名 前、正面、前方
⟷ 後（面）

117 後ㄏㄡˋ(面ㄇㄧㄢˋ) hòu(miàn)
★后（面）
名 うしろ、裏側
⟷ 前（面）

38

その他の表示

「関連▶▶」意味の近い単語や関連する表現／「〓」同義語
「⟷」反義語／「(000)」参照となる見出し語の番号

音声

音声ファイルはページごとに区切っています。音声は「見出し語（華語）→意味（日本語）→見出し語（華語）→例文（華語）」という順番で収録しています。華語は実際に話すと発音が変わるケースが多く、本書の音声にはナレーターの自然な発音を採用している部分があります。

0 100 200 300 400 500 600 700 800 900 1000

例文	意味
那裡是高雄車站。 Nàlǐ shì Gāoxióng Chēzhàn.	そこが高雄駅です。
基隆港在那兒。 Jīlónggǎng zài nàr.	基隆港はあそこにあります。
洗手間在哪裡？ Xǐshǒujiān zài nǎlǐ?	トイレはどこですか？
圓山大飯店在哪兒？ Yuánshān Dàfàndiàn zài nǎr?	圓山大飯店はどこですか？
水果放上面。 Shuǐguǒ fàng shàngmiàn.	果物を上に置いてください。
青菜放下面。 Qīngcài fàng xiàmiàn.	野菜を下に置いてください。
今天外面很熱。 Jīntiān wàimiàn hěn rè.	今日外は暑いです。
前面是捷運站。 Qiánmiàn shì jiéyùnzhàn.	前方が MRT の駅です。
飯店後面有便利商店。 Fàndiàn hòumiàn yǒu biànlì shāngdiàn.	ホテルの裏側にコンビニがあります。

Step 1 位置や場所

39

注音符号・ピンイン

見出し語と例文すべてに注音符号（台湾で使われている発音記号）とピンインを記載しています。
※本書の注音符号・ピンインは「華語八千詞」および「解詞造句——華語文基礎詞語彙編」を参考にしています。

「高速鐵道」の駅名

台湾の「高速鐵道」の駅名と各地の特色を掲載しています。実際に乗車した際にアナウンスが聞き取れるように発音も覚えましょう！

台湾のローカルフード

魅惑の台湾グルメをイラスト付きで紹介しています。自分で注文できるように練習してみましょう。

コラム

「おいしい果物を堪能しよう」では果物の名前や台湾ならではの食べ方をピックアップしています。日本ではあまり見かけないものも取り上げているので、はじめて知るフルーツもあるかもしれませんよ。

「台湾の宗教信仰と人々の暮らし」では台湾の宗教の特色とおみくじの引き方を紹介しています。日本とは異なる台湾式おみくじ、機会があればチャレンジしてみてください！

巻末付録

「TOCFLについて」ではTOCFL（華語文能力測驗）の概要を説明しています。日本国内でも実施されているので、気になる方は公式ホームページで詳細をご確認ください。

「注音符号とピンインの対照表」では注音符号を一覧表で紹介しています。ピンインを併記しているので、必要な方はあわせてそちらもご参照ください。

「索引」では、見出し語の意味とそれに対応する単語を日本語の50音順に並べています。注音符号とピンインがついた索引は弊社ホームページで公開していますので、ご利用ください。

ダウンロードコンテンツ

アスク公式サイトの本書の紹介ページから、音声のダウンロードや配信サービスのご利用、注音符号・ピンインつき索引をご利用いただけます。

アスク公式サイト本書紹介ページ→
https://www.ask-books.com/978-4-86639-376-6/

音声

ダウンロードまたは音声配信サービスで、いずれも無料でお聴きいただけます。

音声のダウンロード：

zipファイルにまとめて圧縮してあります。解凍してご利用ください。

「Apple Podcast」または「Spotify」のご利用：

音声ダウンロードに並んである「Apple Podcast」または「Spotify」のリンクをクリックすると、再生リストが開きます。そのまま聴きたいファイルをクリック（タップ）するだけで、オンラインでストリーミング再生されます。（オンラインでの再生には、Wi-Fi等の環境での再生をおすすめします。）

「Apple Podcast」または「Spotify」のアプリをご利用いただくと、オフラインでの再生も可能です。

「audiobook.jp」のご利用：

「audiobook.jp」に会員登録し利用していらっしゃる方は、上記ページのリンクから開くアスク専用ページからダウンロードできます。シリアルコード「93766」を入力しご利用ください。

索引

注音符号とピンインがついた索引をPDFで公開しています。

ダウンロード方法等のお問い合わせ

アスクユーザーサポートセンター

https://www.ask-books.com/support/

support@ask-digital.co.jp

音声ダウンロードの手段がない方はこちらへご相談ください。

台湾華語って

台湾華語とは何か、中国語の現代化の経緯から紐解きましょう！

清王朝の時代から標準中国語を定める動きが少しずつありましたが、1911 年に辛亥革命によって中華民国が建国された後、中華民国政府は標準中国語を定める改革を強力に推し進め、清王朝の政官界で使われていた「官話（マンダリン）」をベースとした標準中国語「國語」が定められました。

その後、1949 年に中華民国政府の国民党が台湾に遷移し、統治し始めるのに伴って、台湾で「國語」が公用語として教育され、使用されるようになり、現在に至ります。

一方、1949 年に中国共産党によって中華人民共和国が建国された後、官話のさらなる改革と普及が進められ、漢字を簡略化し（簡体字）、発音表記をローマ字表記（ピンイン）に改めた「普通話」が使われるようになりました。

「華語」という名前は、「國語」、つまり台湾の標準中国語の対外的な呼び方で、「華人＝中華系の人々の言葉」を意味します。漢民族だけでなく、少数民族、世界中の華僑たち、中国に縁を持つすべて人々の言葉ということです。「國語」＝「華語」と「普通話」では、漢字の書き方や発音表記が異なるほか、発音などにも若干の違いはありますが、どちらも「官話」を源とする標準中国語であり、どちらかができれば、世界中の華人とコミュニケーションができます。

なお台湾では、福建省周辺から移住してきた人たちが使っている言葉（閩南語）を指して「台湾語」ということもあります。台湾には他にも、客家人が使う「客家語」や、原住民族独自の言葉があります。

※台湾において「原住民」という表現には差別的な意味はなく、公式的な呼称です。

華語の特徴と普通話との違い

①「正体字」（繁体字）で書く

華語の漢字は「伝統的な形を保った正統な字」という意味で「正体字」といいます。普通話はこれを簡略化した「簡体字」で書きます。「正体字」はよく「繁体字」といわれますが、「繁体字」は「簡体字」に対照する呼び方です。ちょっと比べてみましょう。

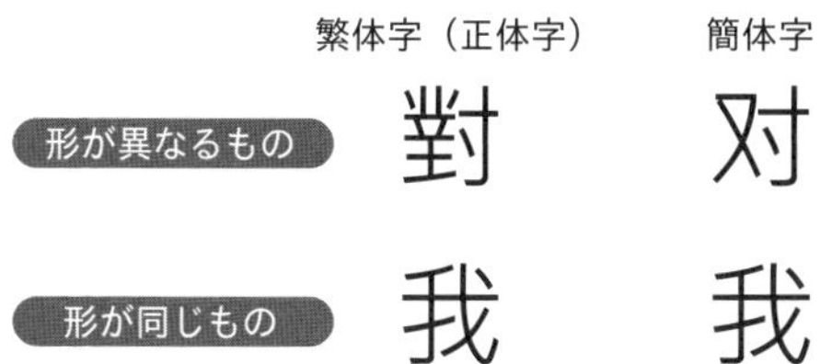

②発音は「注音符号」で表す

日本では漢字にふりがなを付けて読み方を示しますが、華語でふりがなに当たるのが「注音符号」です。注音符号は、先頭の4文字「ㄅㄆㄇㄈ」の音から「ボポモフォ」とも呼ばれています。

華語の発音は「子音」「母音」「声調」の組み合わせから成り立っており、合計で37個の符号があります。巻末に注音符号の一覧表があるのでそちらもご参照ください。

注音符号は基本的に漢字の右側に縦書きで表記しますが、漢字の上か下に横書きで表記する場合もあります。

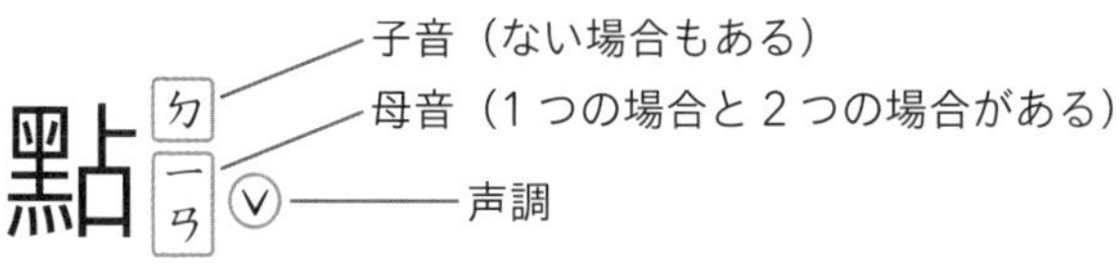

③発音の特徴

華語と普通話は、どちらも官話に由来する北京方言をベースに定められているので、標準とされる発音は原則的には同じです。ただ、一部に華語独特の特徴があります。

大きな特徴は、普通話と比べて「r化」と「軽声」が少ないことです。普通話では「r化」や「軽声」によって意味を区別することがありますが、華語では数が多くありません。

例「地方」→ 華語：軽声を使わず「場所」「地方」どちらも表す
普通話：軽声を使うと「場所」、軽声にしないと「地方」

また、辞書に書かれている発音と、実際に人々が話す発音に差があることがあります。前述の「r化」と「軽声」のほか、「そり舌音（巻き舌音）」や、鼻母音の発音などにもよく現れます。華語が導入されるずっと前から台湾に暮らしている、さまざまなバックグラウンドを持つ人たちの発音の特徴が華語の発音にも影響しています。

④語彙と文法の特徴

たとえば「レーザー」は、華語では「雷射」、普通話では「激光」というように、異なる表現をする語彙が一部にあります。

また、台湾の全人口のうち約7割が福建省周辺に縁を持つ人で、華語と同時に台湾閩南語を使用しています。そのためときおり台湾閩南語の流行語がそのまま使われます。日本語由来の外来語も普通話と比べ多いです。

また、文法においても、たとえば「有」を助動詞として使うことがあるなど、普通話とは異なるものが一部あります。

Step 1

まず覚えておきたい超入門単語 330 語です。音声を活用しながら少しずつ耳や口を慣らしていきましょう。

レベル | TOCFL 準備級

重要な基礎表現

001 這 ㄓㄜˋ
zhè
★这

代 この、その

002 那 ㄋㄚˋ
nà

代 その、あの

003 哪 ㄋㄚˇ
nǎ

疑 どの、どれ

004 是 ㄕˋ
shì

動 ～だ、～である、（肯定の返事）はい

005 有 ㄧㄡˇ
yǒu

動 持っている、ある、いる

006 在 ㄗㄞˋ
zài

動 いる、ある、存在する
関連 ▶▶ **在** 前 (106)、**在** 副 (352)

007 沒 ㄇㄟˊ
méi
★没

副（**有**を否定）持っていない、ない

008 不 ㄅㄨˋ
bù

副 ～しない、～でない

009 的 ˙ㄉㄜ
de

助 ～の

我要買這個。 Wǒ yào mǎi zhège.	私はこれを買いたいです。
我不要那個。 Wǒ búyào nàge.	私はそれはいりません。
你喜歡哪一個？ Nǐ xǐhuān nǎ yí ge?	あなたはどれが好きですか？
她是台灣人嗎？ Tā shì Táiwānrén ma?	彼女は台湾人ですか？
你有護照嗎？ Nǐ yǒu hùzhào ma?	パスポートを持っていますか？
我在家裡。 Wǒ zài jiāli.	私は家にいます。
我沒有英日辭典。 Wǒ méiyǒu Yīng-Rì cídiǎn.	私は英和辞典を持っていません。
他不吃牛肉。 Tā bù chī niúròu.	彼は牛肉を食べません。
這是你的東西嗎？ Zhè shì nǐ de dōngxi ma?	これはあなたのものですか？

重要な基礎表現

010 □□□
嗎 ㄇㄚ˙
ma
★吗

助（疑問を表す）～か？

---

011 □□□
什 ㄕㄣˊ 麼 ㄇㄜ˙
shénme
★什么

疑 何、何の、どんな

---

012 □□□
怎 ㄗㄣˇ 麼 ㄇㄜ˙
zěnme
★怎么

疑 どうやって、なぜ、どんな

---

013 □□□
怎 ㄗㄣˇ 麼 ㄇㄜ˙ 樣 ㄧㄤˋ
zěnmeyàng
★怎么样

疑 どんな、どのように、どうであるか

---

014 □□□
為 ㄨㄟˋ 什 ㄕㄣˊ 麼 ㄇㄜ˙
wèishénme
★为什么

疑 なぜ、どうして

---

015 □□□
要 ㄧㄠˋ
yào

動 ～がほしい、必要とする
関連 ▶▶ **要** 助動（155）

---

016 □□□
請 ㄑㄧㄥˇ
qǐng
★请

動 ～してください、ごちそうする、招待する

---

017 □□□
請 ㄑㄧㄥˇ 問 ㄨㄣˋ
qǐngwèn
★请问

フ ちょっとお尋ねしますが、すみません

---

018 □□□
謝 ㄒㄧㄝˋ 謝 ㄒㄧㄝ˙
xièxie
★谢谢

動 感謝する
関連 ▶▶ **感謝**（661）

你好嗎？ Nǐ hǎo ma?	お元気ですか？
這是什麼？ Zhè shì shénme?	これは何ですか？
請問最近的捷運站怎麼走？ Qǐngwèn zuì jìn de jiéyùnzhàn zěnme zǒu?	すみません、一番近いMRT の駅にはどうやって行きますか？
這本小說怎麼樣？ Zhè běn xiǎoshuō zěnmeyàng?	この小説はどうでしたか？
為什麼他不能來？ Wèishénme tā bùnéng lái?	どうして彼は来られないのですか？
我不要香菜。 Wǒ búyào xiāngcài.	パクチーはいりません。
請慢用。 Qǐng mànyòng.	ごゆっくりどうぞ。
請問，你是陳先生嗎？ Qǐngwèn, nǐ shì Chén xiānshēng ma?	すみません、あなたは陳さんですか？
謝謝你。 Xièxie nǐ.	ありがとうございます。

重要な基礎表現・人の呼び方

019 **再見**（ㄗㄞˋ ㄐㄧㄢˋ）
zàijiàn
★再见

フ さようなら、またね

020 **對不起**（ㄉㄨㄟˋ ㄅㄨ ㄑㄧˇ）
duìbuqǐ
★对不起

フ 申し訳ない、すみません

021 **沒關係**（ㄇㄟˊ ㄍㄨㄢ ˙ㄒㄧ）
méiguānxi
★没关系

フ 大丈夫である、差し支えない、関係ない

022 **我**（ㄨㄛˇ）
wǒ

代 私

023 **你**（ㄋㄧˇ）
nǐ

代 あなた

024 **妳**（ㄋㄧˇ）
nǐ

代（女性に対して）あなた

025 **他**（ㄊㄚ）
tā

代 彼

026 **她**（ㄊㄚ）
tā

代 彼女

027 **我們**（ㄨㄛˇ ˙ㄇㄣ）
wǒmen
★我们

代 私たち

再見。 Zàijiàn.	さようなら。
對不起，打擾一下。 Duìbuqǐ, dǎrǎo yíxià.	すみません、ちょっと失礼します。
沒關係，我們再試一次。 Méiguānxi, wǒmen zài shì yí cì.	大丈夫です、もう一度試してみましょう。
我愛你。 Wǒ ài nǐ.	私はあなたを愛しています。
你愛我嗎？ Nǐ ài wǒ ma?	あなたは私を愛していますか？
妳比我高。 Nǐ bǐ wǒ gāo.	あなたは私より背が高いです。
他不愛我。 Tā bú ài wǒ.	彼は私を愛していません。
她愛吃鳳梨酥。 Tā ài chī fènglísū.	彼女はパイナップルケーキを食べるのが好きです。
我們是朋友。 Wǒmen shì péngyǒu.	私たちは友人です。

人の呼び方

028 你ㄋㄧˇ們˙ㄇㄣ
nǐmen
★你们

代 あなたたち

029 妳ㄋㄧˇ們˙ㄇㄣ
nǐmen

代 （女性に対して）あなたたち

030 他ㄊㄚ 們˙ㄇㄣ
tāmen
★他们

代 彼ら

031 她ㄊㄚ 們˙ㄇㄣ
tāmen
★她们

代 彼女たち

032 您ㄋㄧㄣˊ
nín

代 "**你**" の敬称

033 誰ㄕㄟˊ
shéi
★谁

疑 誰

034 大ㄉㄚˋ家ㄐㄧㄚ
dàjiā

名 みなさん

035 人ㄖㄣˊ
rén

名 人

036 男ㄋㄢˊ
nán

名 男性
関連 ▶▶ **男人**（524）

你們是同學嗎？ Nǐmen shì tóngxué ma?	あなたたちは同級生ですか？
妳們從哪裡來？ Nǐmen cóng nǎlǐ lái?	あなたたちはどこから来ましたか？
他們是日本人。 Tāmen shì Rìběnrén.	彼らは日本人です。
她們都會包餃子。 Tāmen dōu huì bāo jiǎozi.	彼女たちはみんな餃子を作れます。
您好。 Nín hǎo.	（丁寧に）こんにちは。
你是誰？ Nǐ shì shéi?	あなたは誰ですか？
大家好。 Dàjiā hǎo.	みなさん、こんにちは。
教室裡有幾個人？ Jiàoshìlǐ yǒu jǐ ge rén?	教室には何人の人がいますか？
你有男朋友嗎？ Nǐ yǒu nánpéngyǒu ma?	あなたは彼氏がいますか？

037 女 ㄋㄩˇ nǚ — 名 女性
関連 ▶▶ **女人** (525)

038 名字 ㄇㄧㄥˊ ㄗ˙ míngzi — 名 名前

039 姓 ㄒㄧㄥˋ xìng — 動 名字は～という

040 叫 ㄐㄧㄠˋ jiào — 動（名前は）～という

041 小姐 ㄒㄧㄠˇ ㄐㄧㄝˇ xiǎojiě — 名（女性への敬称）～さん、お嬢さん

042 先生 ㄒㄧㄢ ㄕㄥ xiānshēng — 名（男性への敬称）～さん、夫

043 爸爸 ㄅㄚˋ ㄅㄚ˙ bàba — 名 お父さん
関連 ▶▶ **父親** (528)

044 媽媽 ㄇㄚ ㄇㄚ˙ māma — 名 お母さん
関連 ▶▶ **母親** (529)
★妈妈

045 哥哥 ㄍㄜ ㄍㄜ˙ gēge — 名 兄

女孩子不都喜歡粉紅色。
Nǚháizi bù dōu xǐhuān fěnhóngsè.
女の子はみんなピンクが好きというわけではありません。

你叫什麼名字？
Nǐ jiào shénme míngzi?
あなたの名前は何といいますか？

您貴姓？
Nín guìxìng?
名字は何とおっしゃいますか？

大家好，我叫阿信。
Dàjiā hǎo, wǒ jiào Ā Xìn.
みなさんこんにちは。私は阿信といいます。

李小姐會說日文。
Lǐ xiǎojiě huì shuō Rìwén.
李さんは日本語を話せます。

王先生很會做菜。
Wáng xiānshēng hěn huì zuò cài.
王さんは料理を作るのがうまいです。

我爸爸是老師。
Wǒ bàba shì lǎoshī.
私の父は教師です。

媽媽是美國人。
Māma shì Měiguórén.
母はアメリカ人です。

哥哥是上班族。
Gēge shì shàngbānzú.
兄はサラリーマンです。

046 弟ㄉㄧˋ弟ㄉㄧ˙ dìdi
名 弟

047 姊ㄐㄧㄝˇ姊ㄐㄧㄝ˙ / 姐ㄐㄧㄝˇ姐ㄐㄧㄝ˙ jiějie
★姐姐
名 姉

048 妹ㄇㄟˋ妹ㄇㄟ˙ mèimei
名 妹

049 太ㄊㄞˋ太ㄊㄞ˙ tàitai
名 妻、奥さん

050 孩ㄏㄞˊ子ㄗ˙ háizi
名 子供
関連▸▸ **小孩**（333）

051 女ㄋㄩˇ兒ㄦˊ nǚ'ér
★女儿
名 娘

052 兒ㄦˊ子ㄗ˙ érzi
★儿子
名 息子

053 朋ㄆㄥˊ友ㄧㄡˇ péngyǒu
名 友達

054 一ㄧ yī
名 1

弟弟是大學生。

Dìdi shì dàxuéshēng.

弟は大学生です。

姐姐在寫功課。

Jiějie zài xiě gōngkè.

姉は宿題をしています。

妹妹是高中生。

Mèimei shì gāozhōngshēng.

妹は高校生です。

我太太喜歡看台灣電影。

Wǒ tàitai xǐhuān kàn Táiwān diànyǐng.

私の妻は台湾映画を見るのが好きです。

你有幾個孩子？

Nǐ yǒu jǐ ge háizi?

あなたは何人子供がいますか？

我大女兒在日本讀書。

Wǒ dànǚ'ér zài Rìběn dúshū.

私の長女は日本に留学しています。

我二兒子在歐洲學音樂。

Wǒ èr'érzi zài Ōuzhōu xué yīnyuè.

私の次男はヨーロッパで音楽を学んでいます。

她有很多外國朋友。

Tā yǒu hěn duō wàiguó péngyǒu.

彼女はたくさんの外国人の友達がいます。

請給我一雙筷子。

Qǐng gěi wǒ yì shuāng kuàizi.

箸を１膳ください。

055 □□□ 二 ㄦˋ èr

名 2
関連 ▸▸ **兩** (065)

二は順序を数えるときに使う。

056 □□□ 三 ㄙㄢ sān

名 3

057 □□□ 四 ㄙˋ sì

名 4

058 □□□ 五 ㄨˇ wǔ

名 5

059 □□□ 六 ㄌㄧㄡˋ liù

名 6

060 □□□ 七 ㄑㄧ qī

名 7

061 □□□ 八 ㄅㄚ bā

名 8

062 □□□ 九 ㄐㄧㄡˇ jiǔ

名 9

063 □□□ 十 ㄕˊ shí

名 10

我女兒小學二年級。
Wǒ nǚ'ér xiǎoxué èr niánjí.

私の娘は小学2年生です。

這三個人是誰?
Zhè sān ge rén shì shéi?

この3人は誰ですか？

小林住四樓。
Xiǎo Lín zhù sì lóu.

林さんは4階に住んでいます。

今天五號。
Jīntiān wǔ hào.

今日は5日です。

爺爺每天六點起床。
Yéye měitiān liù diǎn qǐchuáng.

祖父は毎日6時に起きます。

七月七日七夕也是情人節。
Qīyuè qī rì qīxì yě shì Qíngrénjié.

7月7日の七夕もバレンタインデーです。

鈴木愛吃台灣八寶粥。
Língmù ài chī Táiwān bābǎozhōu.

鈴木さんは台湾の八宝粥を食べるのが好きです。

我們九點見。
Wǒmen jiǔ diǎn jiàn.

私たちは9時に会いましょう。

明天是雙十國慶。
Míngtiān shì shuāng shí Guóqìng.

明日は10月10日、国慶日です。

数字や数え方

064 零 ㄌㄧㄥˊ
lı́ng
名 0、零

065 兩 ㄌㄧㄤˇ
liǎng
★两
名 2つ、2
関連 ▸▸ 二（055）
兩はものを数えるときに使う。

066 百 ㄅㄞˇ
bǎi
名 100

067 半 ㄅㄢˋ
bàn
名 半分、半ば

068 幾 ㄐㄧˇ
jǐ
★几
疑 いくつ

069 多ㄉㄨㄛ 少ㄕㄠˇ
duōshǎo
疑 いくら、どのくらい

070 第 ㄉㄧˋ
dì
名 第〜、〜番目の

071 個 ˙ㄍㄜ
ge
★个
量 〜人、〜個

072 歲 ㄙㄨㄟˋ
suì
★岁
量 〜歳

你看過零零七的電影嗎？
Nǐ kànguò línglíngqī de diànyǐng ma?
あなたは『007』の映画を見たことがありますか？

我要買兩杯烏龍茶。
Wǒ yào mǎi liǎng bēi wūlóngchá.
私はウーロン茶を2杯買いたいです。

兒子今天數學考一百分。
Érzi jīntiān shùxué kǎo yìbǎi fēn.
息子は今日数学で100点を取りました。

已經過了半年了。
Yǐjīng guòle bànnián le.
もう半年過ぎました。

你想去花蓮玩幾天？
Nǐ xiǎng qù Huālián wán jǐ tiān?
あなたは花蓮に行って何日遊びたいですか？

多少錢？
Duōshǎo qián?
いくらですか？

這是我第一次來台灣。
Zhè shì wǒ dì yī cì lái Táiwān.
今回私ははじめて台湾に来ました。

我有一個弟弟和一個妹妹。
Wǒ yǒu yí ge dìdi hé yí ge mèimei.
私は弟が1人、妹が1人います。

小馬哥今年二十歲。
Xiǎo Mǎ gē jīnnián èrshí suì.
馬兄さんは今年20歳です。

数字や数え方・日にちや時間

073 **本** ㄅㄣˇ
bĕn
量 ～冊

074 **張** ㄓㄤ
zhāng
★张
量 ～脚、～枚
（平らな部分が目立つものを数える）

075 **次** ㄘˋ
cì
量 ～回、～度

076 **雙** ㄕㄨㄤ
shuāng
★双
量 ～足、～膳
（対になっている物を数える）

077 **件** ㄐㄧㄢˋ
jiàn
量 ～着（衣類、特に上着を数える）、
（事柄や物を数える）

078 **現在** ㄒㄧㄢˋ ㄗㄞˋ
xiànzài
★现在
名 今、現在

079 **今年** ㄐㄧㄣ ㄋㄧㄢˊ
jīnnián
名 今年

080 **明年** ㄇㄧㄥˊ ㄋㄧㄢˊ
míngnián
名 来年

081 **去年** ㄑㄩˋ ㄋㄧㄢˊ
qùnián
名 去年

這是一本德文雜誌。 Zhè shì yì běn Déwén zázhì.	これは1冊のドイツ語の雑誌です。
這張桌子是木頭做的。 Zhè zhāng zhuōzi shì mùtou zuò de.	このテーブルは木で作ったものです。
我吃過幾次釋迦。 Wǒ chīguò jǐ cì shìjiā.	私は何度も釈迦頭（バンレイシ）を食べたことがあります。
給我兩雙襪子。 Gěi wǒ liǎng shuāng wàzi.	私に靴下を2足ください。
你這件衣服很好看。 Nǐ zhè jiàn yīfú hěn hǎokàn.	あなたのその服は素敵です。
現在幾點？ Xiànzài jǐ diǎn?	今、何時ですか？
他今年上大學。 Tā jīnnián shàng dàxué.	彼は今年大学に入学します。
明年我想去台灣找工作。 Míngnián wǒ xiǎng qù Táiwān zhǎo gōngzuò.	来年私は台湾で仕事を探したいです。
去年我去北海道看朋友。 Qùnián wǒ qù Běihǎidào kàn péngyǒu.	去年私は北海道に行って友達に会いました。

日にちや時間

082 今ㄐㄧㄣ天ㄊㄧㄢ
jīntiān

名 今日

083 明ㄇㄧㄥˊ天ㄊㄧㄢ
míngtiān

名 明日

084 昨ㄗㄨㄛˊ天ㄊㄧㄢ
zuótiān

名 昨日

085 星ㄒㄧㄥ期ㄑㄧˊ
xīngqí

★ xīngqī

名 曜日、週
関連 ▸▸ **禮拜**（555）

086 星ㄒㄧㄥ期ㄑㄧˊ天ㄊㄧㄢ
xīngqítiān

★ xīngqītiān

名 日曜日
関連 ▸▸ **禮拜天**（556）

087 星ㄒㄧㄥ期ㄑㄧˊ日ㄖˋ
xīngqírì

★ xīngqīrì

名 日曜日
関連 ▸▸ **禮拜天**（556）

088 週ㄓㄡ末ㄇㄛˋ
zhōumò

★周末

名 週末

周末とも書く。

089 生ㄕㄥ日ㄖˋ
shēngrì

名 誕生日

090 年ㄋㄧㄢˊ
nián

量 年、～年

今天想去行天宮走走。
Jīntiān xiǎng qù Xíngtiāngōng zǒuzǒu.
今日は行天宮に行ってぶらぶらしたいです。

你明天有空嗎？
Nǐ míngtiān yǒukòng ma?
明日暇ですか？

他昨天沒睡覺。
Tā zuótiān méi shuìjiào.
彼は昨日寝ていません。

今天星期幾？
Jīntiān xīngqí jǐ?
今日は何曜日ですか？

我星期天要打工。
Wǒ xīngqítiān yào dǎgōng.
私は日曜日にアルバイトをしなければなりません。

他每個星期日都去打高爾夫球。
Tā měi ge xīngqírì dōu qù dǎ gāo'ěrfūqiú.
彼は毎週日曜日にゴルフに行きます。

你週末有什麼計畫？
Nǐ zhōumò yǒu shénme jìhuà?
あなたは週末どんな予定がありますか？

今天是他生日。
Jīntiān shì tā shēngrì.
今日は彼の誕生日です。

今年是狗年。
Jīnnián shì gǒunián.
今年は戌年です。

---

091 月 ㄩㄝˋ yuè — 名 ～月、～カ月

---

092 日 ㄖˋ rì — 名 ～日、昼、日中、日

「～日」という意味では主に書き言葉で使う。

---

093 號 ㄏㄠˋ hào — 量 ～日、～番、～号

★号

「～日」という意味では主に話し言葉で使う。

---

094 天 ㄊㄧㄢ tiān — 量 ～日、～日間（日数を数える）

関連 ▶▶ **天** 名（285）

---

095 早上 ㄗㄠˇ ㄕㄤˋ zǎoshàng — 名 朝

---

096 上午 ㄕㄤˋ ㄨˇ shàngwǔ — 名 午前

---

097 中午 ㄓㄨㄥ ㄨˇ zhōngwǔ — 名 昼

---

098 下午 ㄒㄧㄚˋ ㄨˇ xiàwǔ — 名 午後

---

099 晚上 ㄨㄢˇ ㄕㄤˋ wǎnshàng — 名 夜

你的生日幾月幾號？
Nǐ de shēngrì jǐ yuè jǐ hào?
あなたの誕生日は何月何日ですか？

今天幾月幾日？
Jīntiān jǐ yuè jǐ rì?
今日は何月何日ですか？

你幾號出國？
Nǐ jǐ hào chūguó?
あなたは何日に出国しますか？

我想休息幾天去旅行。
Wǒ xiǎng xiūxí jǐ tiān qù lǚxíng.
私は何日か休んで旅行に行きたいです。

早上比較冷。
Zǎoshàng bǐjiào lěng.
朝はわりと寒いです。

這家店上午沒開。
Zhè jiā diàn shàngwǔ méi kāi.
この店は午前中は営業しません。

你中午吃什麼？
Nǐ zhōngwǔ chī shénme?
お昼に何を食べますか？

我下午去機場接你。
Wǒ xiàwǔ qù jīchǎng jiē nǐ.
午後にあなたを空港まで迎えに行きます。

晚上要不要一起吃飯？
Wǎnshàng yàobúyào yìqǐ chīfàn?
夜、一緒にご飯を食べませんか？

100 點 ㄉㄧㄢˇ
diǎn
★点

量 ～時
関連 ▶▶ 點鐘（348）

101 分 ㄈㄣ
fēn

量 ～分
関連 ▶▶ 分鐘（349）

102 時ㄕˊ候ㄏㄡˋ
shíhòu
★时候

名 ～のとき、とき、時間

103 以ㄧˇ前ㄑㄧㄢˊ
yǐqián

名 以前、昔、～の前

104 以ㄧˇ後ㄏㄡˋ
yǐhòu
★以后

名 以後、今後、～の後

105 先 ㄒㄧㄢ
xiān

副 先に、まず

106 在 ㄗㄞˋ
zài

前 ～で、～に
関連 ▶▶ 在 動（006）、在 副（352）

107 這ㄓㄜˋ裡ㄌㄧˇ
zhèlǐ
★这里

名 ここ、そこ
＝ 這（兒）

108 這ㄓㄜˋ兒ㄦ
zhèr
★这儿

名 ここ、そこ
＝ 這裡

我今天三點下課。
Wǒ jīntiān sān diǎn xiàkè.

私は今日3時に授業が終わります。

現在十二點五分。
Xiànzài shí'èr diǎn wǔ fēn.

今、12時5分です。

你什麼時候有空？
Nǐ shénme shíhòu yǒukòng?

あなたはいつ時間がありますか？

以前這裡是夜市。
Yǐqián zhèlǐ shì yèshì.

以前、ここは夜市でした。

以後你想住在哪裡？
Yǐhòu nǐ xiǎng zhùzài nǎlǐ?

今後、あなたはどこに住みたいですか？

我先走了。
Wǒ xiān zǒu le.

お先に失礼します。

參考書放在桌子上。
Cānkǎoshū fàngzài zhuōzishàng.

参考書が机の上に置いてあります。

這裡是桃園國際機場。
Zhèlǐ shì Táoyuán Guójì Jīchǎng.

ここは桃園国際空港です。

松山機場就是這兒。
Sōngshān Jīchǎng jiù shì zhèr.

松山空港はここです。

位置や場所

109 那ㄋㄚˋ裡ㄌㄧˇ
nàlǐ
★那里

名 そこ、あそこ
＝ 那（兒）

110 那ㄋㄚˋ兒ㄦ
nàr
★那儿

名 そこ、あそこ
＝ 那裡

111 哪ㄋㄚˇ裡ㄌㄧˇ
nǎlǐ
★哪里

疑 どこ
＝ 哪（兒）

112 哪ㄋㄚˇ兒ㄦ
nǎr
★哪儿

疑 どこ
＝ 哪裡

113 上ㄕㄤˋ(面ㄇㄧㄢˋ)
shàng(miàn)

名 上、～の上、前の
↔ 下（面）
関連▶▶ 上 動（690）

114 下ㄒㄧㄚˋ(面ㄇㄧㄢˋ)
xià(miàn)

名 下、～の下、次の
↔ 上（面）
関連▶▶ 下 動（691）

115 外ㄨㄞˋ(面ㄇㄧㄢˋ)
wài(miàn)

名 外、外側、表面

116 前ㄑㄧㄢˊ(面ㄇㄧㄢˋ)
qián(miàn)

名 前、正面、前方
↔ 後（面）

117 後ㄏㄡˋ(面ㄇㄧㄢˋ)
hòu(miàn)
★后（面）

名 うしろ、裏側
↔ 前（面）

那裡是高雄車站。

Nàlǐ shì Gāoxióng Chēzhàn.

そこが高雄駅です。

基隆港在那兒。

Jīlónggǎng zài nàr.

基隆港はあそこにあります。

洗手間在哪裡？

Xǐshǒujiān zài nǎlǐ?

トイレはどこですか？

圓山大飯店在哪兒？

Yuánshān Dàfàndiàn zài nǎr?

圓山大飯店はどこですか？

水果放上面。

Shuǐguǒ fàng shàngmiàn.

果物を上に置いてください。

青菜放下面。

Qīngcài fàng xiàmiàn.

野菜を下に置いてください。

今天外面很熱。

Jīntiān wàimiàn hěn rè.

今日外は暑いです。

前面是捷運站。

Qiánmiàn shì jiéyùnzhàn.

前方が MRT の駅です。

飯店後面有便利商店。

Fàndiàn hòumiàn yǒu biànlì shāngdiàn.

ホテルの裏側にコンビニがあります。

118 左ㄗㄨㄛˇ邊ㄅㄧㄢ
zuǒbiān
★左边

名 左側、左
⟷ **右邊**

---

119 右ㄧㄡˋ邊ㄅㄧㄢ
yòubiān
★右边

名 右側、右
⟷ **左邊**

---

120 旁ㄆㄤˊ邊ㄅㄧㄢ
pángbiān
★旁边

名 そば、かたわら

---

121 中ㄓㄨㄥ間ㄐㄧㄢ
zhōngjiān
★中间

名 間、中間

---

122 附ㄈㄨˋ近ㄐㄧㄣˋ
fùjìn

名 付近、近所

---

123 地ㄉㄧˋ方ㄈㄤ
dìfāng
★ dìfāng/dìfang

名 場所、ところ

---

124 台ㄊㄞˊ灣ㄨㄢ
Táiwān
★台湾

名 台湾

臺灣とも書く。

---

125 中ㄓㄨㄥ國ㄍㄨㄛˊ
Zhōngguó
★中国

名 中国

---

126 日ㄖˋ本ㄅㄣˇ
Rìběn

名 日本

美食街在左邊。
Měishíjiē zài zuǒbiān.
グルメ街は左側にあります。

郵局在右邊。
Yóujú zài yòubiān.
郵便局は右側にあります。

我旁邊有空位。
Wǒ pángbiān yǒu kòngwèi.
私の隣に空席があります。

小孩坐在爸爸媽媽中間。
Xiǎohái zuòzài bàba māma zhōngjiān.
子供が父親と母親の間に座っています。

這附近有銀行嗎？
Zhè fùjìn yǒu yínháng ma?
この近くに銀行はありますか？

這是什麼地方？
Zhè shì shénme dìfāng?
①ここはどんな場所ですか？
②ここはどこですか？

台灣是美麗的寶島。
Táiwān shì měilì de bǎodǎo.
台湾は美しい宝島（フォルモサ）です。

中國有很多大貓熊。
Zhōngguó yǒu hěn duō dàmāoxióng.
中国にはたくさんのパンダがいます。

我朋友要去日本學動畫。
Wǒ péngyǒu yào qù Rìběn xué dònghuà.
私の友人は日本に行ってアニメを学びます。

127 美ㄇㄟˇ國ㄍㄨㄛˊ

Měiguó

★美国

名 アメリカ

128 近ㄐㄧㄣˋ

jìn

形 近い

⟷ 遠

129 遠ㄩㄢˇ

yuǎn

★远

形 遠い

⟷ 近

130 手ㄕㄡˇ

shǒu

名 手

131 身ㄕㄣ體ㄊㄧˇ

shēntǐ

★身体

名 体

132 眼ㄧㄢˇ睛ㄐㄧㄥ

yǎnjīng

名 目

133 藥ㄧㄠˋ

yào

★药

名 薬

134 大ㄉㄚˋ

dà

形 大きい

⟷ 小

135 小ㄒㄧㄠˇ

xiǎo

形 小さい

⟷ 大

我想去美國。 Wǒ xiǎng qù Měiguó.	私はアメリカに行きたいです。
銀行很近。 Yínháng hěn jìn.	銀行は近いです。
我家離學校不遠。 Wǒ jiā lí xuéxiào bù yuǎn.	私の家は学校から遠くありません。
爸爸的手很大。 Bàba de shǒu hěn dà.	父の手は大きいです。
爺爺身體不舒服。 Yéye shēntǐ bùshūfu.	祖父は体の具合が悪いです。
她有一雙大眼睛。 Tā yǒu yì shuāng dàyǎnjīng.	彼女は大きな目をしています。
這是什麼藥？ Zhè shì shénme yào?	これは何の薬ですか？
有沒有大一點的？ Yǒuméiyǒu dà yìdiǎn de?	もう少し大きいのはありませんか？
這個袋子太小了。 Zhège dàizi tài xiǎo le.	この袋は小さすぎます。

性質や状態

136 熱 ㄖㄜˋ rè ★热

形 暑い、熱い
⟷ 冷

137 冷 ㄌㄥˇ lěng

形 寒い、冷たい
⟷ 熱

138 快 ㄎㄨㄞˋ kuài

形 速い、素早い
⟷ 慢

139 慢 ㄇㄢˋ màn

形 遅い
⟷ 快

140 多 ㄉㄨㄛ duō

形 多い
⟷ 少
関連 ▶▶ 多 副 (305)

141 少 ㄕㄠˇ shǎo

形 少ない
⟷ 多

142 新 ㄒㄧㄣ xīn

形 新しい
⟷ 舊 (620)／老 (388)

143 長 ㄔㄤˊ cháng ★长

形 長い
⟷ 短 (382)

144 高 ㄍㄠ gāo

形 高い
⟷ 低／矮 (381)

今天很熱。 今日は暑いです。

Jīntiān hěn rè.

我覺得冷氣太冷。 私は冷房が寒すぎると思います。

Wǒ juéde lěngqì tài lěng.

快一點。 早くしてください。

Kuài yìdiǎn.

慢慢來。 ゆっくり来てください。

Mànmàn lái.

工作太多了。 仕事が多すぎます。

Gōngzuò tài duō le.

飯太少。 ご飯が少なすぎます。

Fàn tài shǎo.

有沒有新的？ 新しいのはありませんか？

Yǒuméiyǒu xīn de?

開會的時間太長了。 会議の時間が長すぎます。

Kāihuì de shíjiān tài cháng le.

台北1-0-1-很高。 台北 101 はとても高いです。

Táiběi Yīlíngyī hěn gāo.

145 **好看** ㄏㄠˇ ㄎㄢˋ
hǎokàn
形 美しい、きれいである、体裁がいい

146 **漂亮** ㄆㄧㄠˋ ㄌㄧㄤˋ
piàoliàng
形 美しい、きれいである

147 **一樣** ㄧˊ ㄧㄤˋ
yíyàng
★一样
形 同じである、同じく、等しく

148 **高興** ㄍㄠ ㄒㄧㄥˋ
gāoxìng
★高兴
形 うれしい、楽しい

149 **快樂** ㄎㄨㄞˋ ㄌㄜˋ
kuàilè
★快乐
形 楽しい、愉快である

150 **有趣** ㄧㄡˇ ㄑㄩˋ
yǒuqù
形 面白い、趣がある

151 **知道** ㄓ ㄉㄠˋ
zhīdào
動 知っている、わかっている

主に知識や情報として知っている場合に使われる。

152 **認識** ㄖㄣˋ ㄕ˙ / ㄕˋ
rènshi/rènshì
★认识
動 知っている、面識がある、認識する

主に見たことがあって知っているときや識別できるときに使われる。

153 **懂** ㄉㄨㄥˇ
dǒng
動 わかる、理解する

這雙運動鞋很好看。
Zhè shuāng yùndòngxié hěn hǎokàn.
このスニーカーはかっこいいです。

真漂亮。
Zhēn piàoliàng.
本当にきれいです。

我和你一樣高。
Wǒ hé nǐ yíyàng gāo.
私はあなたと同じくらい背が高いです。

我很高興。
Wǒ hěn gāoxìng.
私はうれしいです。

生日快樂。
Shēngrì kuàilè.
誕生日おめでとう。

這部動畫很有趣。
Zhè bù dònghuà hěn yǒuqù.
このアニメは面白いです。

我不知道她是誰。
Wǒ bù zhīdào tā shì shéi.
私は彼女が誰か知りません。

你認識五月天嗎？
Nǐ rènshì Wǔyuètiān ma?
あなたは Mayday を知っていますか？

我不懂他的心。
Wǒ bùdǒng tā de xīn.
私は彼の気持ちがわかりません。

154 想 ㄒㄧㄤˇ
xiǎng

助動 ～したい
動 考える、～と思う、恋しい

155 要 ㄧㄠˋ
yào

助動 ～しなければならない、～したい
関連 ▶▶ 要 動 (015)

156 覺得 ㄐㄩㄝˊ ㄉㄜ˙
juéde
★觉得

動 ～と思う、感じる

157 喜歡 ㄒㄧˇ ㄏㄨㄢ
xǐhuān
★喜欢

動 好きである、好む、よく～する

158 愛 ㄞˋ
ài
★爱

動 愛する、好む、よく～する

159 笑 ㄒㄧㄠˋ
xiào

動 笑う

160 意思 ㄧˋ ㄙ˙
yìsi

名 意味、気持ち、趣

161 做 ㄗㄨㄛˋ
zuò

動 する、やる、作る

162 用 ㄩㄥˋ
yòng

動 使う

我想去台灣留學。 Wǒ xiǎng qù Táiwān liúxué.	私は台湾に留学に行きたいです。
太晚了，我要回家了。 Tài wǎn le, wǒ yào huíjiā le.	遅くなったので、私は家に帰らないといけません。
你覺得金門高粱酒好喝嗎？ Nǐ juéde Jīnmén gāoliángjiǔ hǎohē ma?	金門高粱酒はおいしいと思いますか？
小英喜歡爬山。 Xiǎo Yīng xǐhuān pá shān.	小英は登山が好きです。
田中愛吃台灣小吃。 Tiánzhōng ài chī Táiwān xiǎochī.	田中さんは台湾の小吃を食べるのが好きです。
不要笑我。 Búyào xiào wǒ.	私を笑わないで。
這是什麼意思？ Zhè shì shénme yìsi?	それはどういう意味ですか？
今年寒假你想做什麼？ Jīnnián hánjià nǐ xiǎng zuò shénme?	今年の冬休みにあなたは何をしたいですか？
中文課請用中文說話。 Zhōngwénkè qǐng yòng Zhōngwén shuōhuà.	中国語の授業では中国語で話してください。

163 去 ㄑㄩˋ
qù
動 行く

164 來 ㄌㄞˊ
lái
★来
動 来る

165 到 ㄉㄠˋ
dào
動 到着する、達する、行く、来る

166 回 ㄏㄨㄟˊ
huí
動 戻る、帰る

167 走 ㄗㄡˇ
zǒu
動 歩く、行く、離れる

168 走 ㄗㄡˇ 路 ㄌㄨˋ
zǒulù
動[離] 歩く

169 跑 ㄆㄠˇ
pǎo
動 走る

170 進 ㄐㄧㄣˋ 來 ㄌㄞˊ
jìnlái
★进来
動 入ってくる
⟷ **出去**

171 出 ㄔㄨ 去 ㄑㄩˋ
chūqù
動 出る、出ていく
⟷ **進來**

你去哪裡？ Nǐ qù nǎlǐ?	あなたはどこに行きますか？
你來台灣多久了？ Nǐ lái Táiwān duōjiǔ le?	あなたは台湾に来てどのくらいですか？
我十二點到台南。 Wǒ shí'èr diǎn dào Táinán.	私は 12 時に台南に着きます。
明天我坐飛機回東京。 Míngtiān wǒ zuò fēijī huí Dōngjīng.	明日私は飛行機に乗って東京に戻ります。
走吧。 Zǒu ba.	行こう。
我走路回家。 Wǒ zǒulù huíjiā.	私は歩いて家に帰ります。
山豬跑得很快。 Shānzhū pǎode hěn kuài.	イノシシは走るのが速いです。
可以進來嗎？ Kěyǐ jìnlái ma?	入ってもよいですか？
我想出去買東西。 Wǒ xiǎng chūqù mǎi dōngxi.	私は買い物に出かけたいです。

172 **站** ㄓㄢˋ
zhàn

動 立つ

---

173 **坐** ㄗㄨㄛˋ
zuò

動 座る

---

174 **說** ㄕㄨㄛ
shuō

★说

動 言う、話す、説明する

---

175 **說話** ㄕㄨㄛ ㄏㄨㄚˋ
shuōhuà

★说话

動[離] 話をする

---

176 **聽** ㄊㄧㄥ
tīng

★听

動 聞く

---

177 **問** ㄨㄣˋ
wèn

★问

動 尋ねる、問う

---

178 **讀** ㄉㄨˊ
dú

★读

動 読む、勉強する

---

179 **寫** ㄒㄧㄝˇ
xiě

★写

動 書く

---

180 **練習** ㄌㄧㄢˋ ㄒㄧˊ
liànxí

★练习

動 練習する
関連 ▶▶ **練習** 名 (739)

不要站在外面。 Búyào zhànzài wàimiàn.	外側に立たないでください。
我喜歡坐船旅行。 Wǒ xǐhuān zuò chuán lǚxíng.	私は船に乗って旅行するのが好きです。
請再說一次。 Qǐng zài shuō yí cì.	もう一度言ってください。
在圖書館不要大聲說話。 Zài túshūguǎn búyào dàshēng shuōhuà.	図書館では大声で話してはいけません。
你要聽媽媽的話。 Nǐ yào tīng māma de huà.	お母さんの言うことを聞かなければなりません。
請問，車站在哪裡？ Qǐngwèn, chēzhàn zài nǎlǐ?	すみません、駅はどこですか？
黃小姐最近在讀台灣小說。 Huáng xiǎojiě zuìjìn zài dú Táiwān xiǎoshuō.	黄さんは最近、台湾の小説を読んでいます。
請寫在這裡。 Qǐng xiězài zhèlǐ.	ここに書いてください。
奶奶每天練習太極拳。 Nǎinai měitiān liànxí tàijíquán.	祖母は毎日太極拳の練習をします。

行動や動作

181 看 ㄎㄢˋ
kàn
動 見る

182 找 ㄓㄠˇ
zhǎo
動 探す

183 準ㄓㄨㄣˇ備ㄅㄟˋ
zhǔnbèi
★准备
動 準備する、～するつもりである

184 開 ㄎㄞ
kāi
★开
動 開く、開ける、起動する ⟷ **關**（401）
始める

185 開ㄎㄞ始ㄕˇ
kāishǐ
★开始
動 始める、始まる
⟷ **結束**（748）

186 等 ㄉㄥˇ
děng
動 待つ

187 拿 ㄋㄚˊ
ná
動 持つ、取る、つかむ、捕らえる

188 放 ㄈㄤˋ
fàng
動 置く

189 換 ㄏㄨㄢˋ
huàn
★换
動 交換する、かえる

我想去日月潭看風景。
Wǒ xiǎng qù Rìyuètán kàn fēngjǐng.
私は日月潭に行って景色を見たいです。

你找誰？
Nǐ zhǎo shéi?
あなたは誰を探していますか？

準備好了嗎？
Zhǔnbèihǎo le ma?
準備はできましたか？

來，開動了。
Lái, kāidòng le.
さぁ、食べましょう。

他開始學做蛋糕。
Tā kāishǐ xué zuò dàngāo.
彼はケーキの作り方を学び始めました。

請等一下。
Qǐng děng yíxià.
少々お待ちください。

票你拿了嗎？
Piào nǐ ná le ma?
チケットは持ちましたか？

鑰匙放在哪裡？
Yàoshi fàngzài nǎlǐ?
鍵はどこに置きましたか？

可以跟您換名片嗎？
Kěyǐ gēn nín huàn míngpiàn ma?
名刺交換をさせていただけますか？

190 給ㄍㄟˇ
gěi
★给

動 与える
関連 ▶▶ 給 前 (327)

191 送ㄙㄨㄥˋ
sòng

動 送る、届ける、運ぶ、贈る

192 帶ㄉㄞˋ
dài
★带

動 持って行く、身につける、帯びる、率いる

193 介ㄐㄧㄝˋ紹ㄕㄠˋ
jièshào
★介绍

動 紹介する、説明する

194 參ㄘㄢ加ㄐㄧㄚ
cānjiā
★参加

動 参加する、加わる

195 生ㄕㄥ活ㄏㄨㄛˊ
shēnghuó

名 生活、暮らし

196 東ㄉㄨㄥ西˙ㄒㄧ
dōngxi
★东西

名 物、品物

197 電ㄉㄧㄢˋ話ㄏㄨㄚˋ
diànhuà
★电话

名 電話

198 打ㄉㄚˇ電ㄉㄧㄢˋ話ㄏㄨㄚˋ
dǎ diànhuà
★打电话

フ 電話をかける

蔡老師給我一本書。

Cài lǎoshī gěi wǒ yì běn shū.

蔡先生は私に本を1冊くれました。

我送你去車站。

Wǒ sòng nǐ qù chēzhàn.

私はあなたを駅まで送ります。

下雨了，記得帶雨傘出門。

Xiàyǔ le, jìde dài yǔsǎn chūmén.

雨が降ってきたから、傘を持って出かけるのを忘れないでね。

請大家自我介紹一下。

Qǐng dàjiā zìwǒ jièshào yíxià.

みなさん、自己紹介をしてください。

我想參加媽祖遶境活動。

Wǒ xiǎng cānjiā māzǔ ràojìng huódòng.

私は媽祖の巡礼行事に参加したいです。

這裡的生活很自由。

Zhèlǐ de shēnghuó hěn zìyóu.

ここの生活は自由です。

媽媽喜歡買東西。

Māma xǐhuān mǎi dōngxi.

母は買い物が好きです。

我再打電話給你。

Wǒ zài dǎ diànhuà gěi nǐ.

また（あなたに）電話します。

有空打電話給我。

Yǒukòng dǎ diànhuà gěi wǒ.

時間があったら私に電話をください。

199 **電視（機）** ㄉㄧㄢˋ ㄕˋ ㄐㄧ
diànshì(jī)
★电视（机）

名 テレビ

---

200 **電腦** ㄉㄧㄢˋ ㄋㄠˇ
diànnǎo
★电脑

名 コンピューター、パソコン

---

201 **手機** ㄕㄡˇ ㄐㄧ
shǒujī
★手机

名 携帯電話、スマートフォン

---

202 **號碼** ㄏㄠˋ ㄇㄚˇ
hàomǎ
★号码

名 番号

---

203 **衣服** ㄧ ㄈㄨˊ
yīfú

名 服

---

204 **鞋子** ㄒㄧㄝˊ ˙ㄗ
xiézi

名 靴

---

205 **褲子** ㄎㄨˋ ˙ㄗ
kùzi
★裤子

名 ズボン

---

206 **穿** ㄔㄨㄢ
chuān

動 着る、はく
関連 ▶▶ **戴**（720）

---

207 **紙** ㄓˇ
zhǐ
★纸

名 紙

我很少看電視。 Wǒ hěn shǎo kàn diànshì.	私はめったにテレビを見ません。
你有電腦嗎？ Nǐ yǒu diànnǎo ma?	パソコンを持っていますか？
我的手機不見了。 Wǒ de shǒujī bú jiàn le.	私の携帯が見当たらなくなりました。
你的手機號碼幾號？ Nǐ de shǒujī hàomǎ jǐ hào?	あなたの携帯番号は何番ですか？
你的衣服在哪買的？ Nǐ de yīfú zài nǎ mǎi de?	あなたの服はどこで買ったのですか？
進門前先脫鞋子。 Jìn mén qián xiān tuō xiézi.	部屋に入る前にまず靴を脱いでください。
這件褲子太緊了。 Zhè jiàn kùzi tài jǐn le.	このズボンはきつすぎます。
天冷了，多穿一件衣服。 Tiān lěng le, duō chuān yí jiàn yīfú.	寒くなったので、服を多めに着てください。
你會折紙飛機嗎？ Nǐ huì zhé zhǐfēijī ma?	あなたは紙飛行機を折ることができますか？

208 **信** ㄒㄧㄣˋ
xìn
名 手紙

209 **家** ㄐㄧㄚ
jiā
名 家

210 **房子** ㄈㄤˊ ㄗ˙
fángzi
名 家、部屋

211 **門** ㄇㄣˊ
mén
★门
名 出入口、ドア

212 **客廳** ㄎㄜˋ ㄊㄧㄥ
kètīng
★客厅
名 応接間、居間

213 **住** ㄓㄨˋ
zhù
動 住む、泊まる

214 **起床** ㄑㄧˇ ㄔㄨㄤˊ
qǐchuáng
★起床
動 起きる

215 **睡覺** ㄕㄨㄟˋ ㄐㄧㄠˋ
shuìjiào
★睡觉
動[離] 眠る

216 **洗** ㄒㄧˇ
xǐ
動 洗う

現在人們很少寫信了。 Xiànzài rénmen hěn shǎo xiě xìn le.	現在、人々はめったに手紙を書かなくなりました。
我家在板橋。 Wǒ jiā zài Bǎnqiáo.	私の家は板橋にあります。
這房子是有名的四合院。 Zhè fángzi shì yǒumíng de sìhéyuàn.	この家屋は有名な四合院です。
門口貼了一個「福」字。 Ménkǒu tiēle yí ge “fú” zì.	ドアに「福」の字が貼ってあります。
他在客廳看電視。 Tā zài kètīng kàn diànshì.	彼は居間でテレビを見ています。
你住哪裡? Nǐ zhù nǎlǐ?	あなたはどこに住んでいますか？
這個星期六我七點半起床。 Zhège xīngqíliù wǒ qī diǎn bàn qǐchuáng.	今週土曜日、私は7時半に起きます。
他昨天很晚睡覺。 Tā zuótiān hěn wǎn shuìjiào.	彼は昨日とても遅くに眠りました。
吃飯之前要洗手。 Chīfàn zhīqián yào xǐ shǒu.	食事の前には手を洗わなければなりません。

日常生活・学習

217 洗ㄒㄧˇ澡ㄗㄠˇ
xǐzǎo
動[離] 風呂に入る、シャワーを浴びる

218 學ㄒㄩㄝˊ校ㄒㄧㄠˋ
xuéxiào
★学校
名 学校

219 大ㄉㄚˋ學ㄒㄩㄝˊ
dàxué
★大学
名 大学

220 中ㄓㄨㄥ學ㄒㄩㄝˊ
zhōngxué
★中学
名 中学校

221 年ㄋㄧㄢˊ級ㄐㄧˊ
niánjí
★年纪
名 学年

222 老ㄌㄠˇ師ㄕ
lǎoshī
★老师
名 先生

223 學ㄒㄩㄝˊ生ㄕㄥ
xuéshēng
★学生
名 学生

224 學ㄒㄩㄝˊ
xué
★学
動 学ぶ、習う、真似る

225 學ㄒㄩㄝˊ習ㄒㄧˊ
xuéxí
★学习
動 勉強する

我的貓不喜歡洗澡。
Wǒ de māo bù xǐhuān xǐzǎo.
私の猫は体を洗うのが嫌いです。

今天學校沒課。
Jīntiān xuéxiào méi kè.
今日学校は授業がありません。

這所大學很有名。
Zhè suǒ dàxué hěn yǒumíng.
この大学は有名です。

我從中學開始學英文。
Wǒ cóng zhōngxué kāishǐ xué Yīngwén.
私は中学から英語を勉強し始めました。

他現在高中三年級。
Tā xiànzài gāozhōng sān niánjí.
彼は今高校３年生です。

你的中文老師是誰?
Nǐ de Zhōngwén lǎoshī shì shéi?
あなたの中国語の先生は誰ですか？

學生半價。
Xuéshēng bànjià.
学生は半額です。

我在學注音符號。
Wǒ zài xué zhùyīn fúhào.
私は注音符号を勉強しているところです。

學習語言也能學習文化。
Xuéxí yǔyán yě néng xuéxí wénhuà.
言語を学ぶことで文化を学ぶこともできます。

226 上ㄕㄤˋ課ㄎㄜˋ
shàngkè
★上课

動[離] 授業に出る、授業を受ける、授業をする
⟷ 下課

227 下ㄒㄧㄚˋ課ㄎㄜˋ
xiàkè
★下课

動[離] 授業が終わる
⟷ 上課

228 考ㄎㄠˇ試ㄕˋ
kǎoshì
★考试

名 試験、テスト
動[離] 試験をする

229 問ㄨㄣˋ題ㄊㄧˊ
wèntí
★问题

名 問題、質問

230 英ㄧㄥ文ㄨㄣˊ
Yīngwén

名 英語

231 數ㄕㄨˋ學ㄒㄩㄝˊ
shùxué
★数学

名 数学

232 歷ㄌㄧˋ史ㄕˇ
lìshǐ
★历史

名 歴史

233 字ㄗˋ
zì

名 字

234 筆ㄅㄧˇ
bǐ
★笔

名 筆記用具（ペン類の総称）

你幾點上課？ Nǐ jǐ diǎn shàngkè?	何時に授業に出ますか？
下課後我們去逛街。 Xiàkè hòu wǒmen qù guàngjiē.	授業が終わったら、私たちは街に遊びに行きます。
準備大學考試很辛苦。 Zhǔnbèi dàxué kǎoshì hěn xīnkǔ.	大学受験の準備は大変です。
你有什麼問題？ Nǐ yǒu shénme wèntí?	何か問題がありますか？
我會唱英文歌。 Wǒ huì chàng Yīngwén gē.	私は英語の歌を歌うことができます。
瑪麗最喜歡的科目是數學。 Mǎlì zuì xǐhuān de kēmù shì shùxué.	メアリーが一番好きな科目は数学です。
我們從歷史學到什麼？ Wǒmen cóng lìshǐ xuédào shénme?	私たちは歴史から何を学んだのでしょう？
你的字很漂亮。 Nǐ de zì hěn piàoliàng.	あなたの字はきれいですね。
借我一枝筆。 Jiè wǒ yì zhī bǐ.	ペンを貸してください。

学習・仕事

235 書ㄕㄨ
shū
★书
名 本

236 圖ㄊㄨˊ書ㄕㄨ館ㄍㄨㄢˇ
túshūguǎn
★图书馆
名 図書館

237 難ㄋㄢˊ
nán
★难
形 難しい、～しにくい
⟷ **容易**

238 容ㄖㄨㄥˊ易ㄧˋ
róngyì
形 やさしい、～しやすい
⟷ **難**

239 工ㄍㄨㄥ作ㄗㄨㄛˋ
gōngzuò
名 仕事

240 公ㄍㄨㄥ司ㄙ
gōngsī
名 会社

241 醫ㄧ院ㄩㄢˋ
yīyuàn
★医院
名 病院

242 醫ㄧ生ㄕㄥ
yīshēng
★医生
名 医者

243 忙ㄇㄤˊ
máng
形 忙しい

這本書介紹台灣的歷史。
Zhè běn shū jièshào Táiwān de lìshǐ.
この本は台湾の歴史を紹介しています。

這個圖書館有百年歷史。
Zhège túshūguǎn yǒu bǎi nián lìshǐ.
この図書館には 100 年の歴史があります。

中文難不難？
Zhōngwén nánbùnán?
中国語は難しいですか？

中文發音不容易。
Zhōngwén fāyīn bù róngyì.
中国語の発音は簡単ではありません。

我今天工作很忙。
Wǒ jīntiān gōngzuò hěn máng.
私は今日仕事が忙しいです。

他在日商公司上班。
Tā zài rìshāng gōngsī shàngbān.
彼は日系企業で働いています。

他在這家醫院工作。
Tā zài zhè jiā yīyuàn gōngzuò.
彼はこの病院で働いています。

他是一個外科醫生。
Tā shì yí ge wàikē yīshēng.
彼はある外科医です。

最近忙不忙？
Zuìjìn mángbùmáng?
最近忙しいですか？

244 累 ㄌㄟˋ
lèi
形 疲れている

245 吃 ㄔ
chī
動 食べる

246 好 ㄏㄠˇ 吃 ㄔ
hǎochī
形 おいしい

247 飯 ㄈㄢˋ
fàn
★饭
名 食事、ご飯

248 菜 ㄘㄞˋ
cài
名 料理、おかず、野菜

249 肉 ㄖㄡˋ
ròu
名 肉

250 魚 ㄩˊ
yú
★鱼
名 魚

251 蘋 ㄆㄧㄥˊ 果 ㄍㄨㄛˇ
píngguǒ
★苹果
名 りんご

252 喝 ㄏㄜ
hē
動 飲む

她昨天工作很累。
Tā zuótiān gōngzuò hěn lèi.
彼女は昨日仕事をして疲れました。

你想吃什麼？
Nǐ xiǎng chī shénme?
あなたは何を食べたいですか？

芒果冰很好吃。
Mángguǒbīng hěn hǎochī.
マンゴーかき氷はおいしいです。

要不要一起吃中飯？
Yàobúyào yìqǐ chī zhōngfàn?
一緒に昼ご飯を食べませんか？

你會做菜嗎？
Nǐ huì zuò cài ma?
あなたは料理ができますか？

他不吃肉。
Tā bù chī ròu.
彼は肉を食べません。

你吃過虱目魚湯嗎？
Nǐ chīguò shīmùyútāng ma?
あなたはサバヒーのスープを食べたことがありますか？

日本的富士蘋果很好吃。
Rìběn de fùshì píngguǒ hěn hǎochī.
日本のふじりんごはおいしいです。

他愛喝葡萄酒。
Tā ài hē pútáojiǔ.
彼はワインを飲むのが好きです。

253 酒 ㄐㄧㄡˇ
jiǔ

名 酒

254 水 ㄕㄨㄟˇ
shuǐ

名 水

255 咖啡 ㄎㄚ ㄈㄟ
kāfēi

名 コーヒー

256 茶 ㄔㄚˊ
chá

名 お茶

257 瓶 ㄆㄧㄥˊ
píng

量 ～本（瓶に入っている物を数える）

258 杯 ㄅㄟ
bēi

量 ～杯

259 餐廳 ㄘㄢ ㄊㄧㄥ
cāntīng
★餐厅

名 レストラン

260 飯館 ㄈㄢˋ ㄍㄨㄢˇ
fànguǎn
★饭馆

名 レストラン

261 電影 ㄉㄧㄢˋ ㄧㄥˇ
diànyǐng
★电影

名 映画
関連 ▶▶ **電影院**（478）

我不會喝酒。 Wǒ búhuì hē jiǔ.	私はお酒が飲めません。
給我一杯水。 Gěi wǒ yì bēi shuǐ.	私に1杯水をください。
他喜歡喝黑咖啡。 Tā xǐhuān hē hēikāfēi.	彼はブラックコーヒーが好きです。
你聽過東方美人茶嗎？ Nǐ tīngguò dōngfāng měirénchá ma?	東方美人茶を聞いたことがありますか？
先來一瓶啤酒。 Xiān lái yì píng píjiǔ.	まずはビールを1本ください。
我想喝一杯木瓜牛奶汁。 Wǒ xiǎng hē yì bēi mùguā niúnǎizhī.	私はパパイヤミルクジュースを1杯飲みたいです。
這家印度餐廳很道地。 Zhè jiā Yìndù cāntīng hěn dàodì.	このインドレストランは本格的です。
這家北平飯館很有名。 Zhè jiā Běipíng fànguǎn hěn yǒumíng.	この北京料理店はとても有名です。
這部電影很好看。 Zhè bù diànyǐng hěn hǎokàn.	この映画は面白いです。

趣味

262 畫 ㄏㄨㄚˋ
huà
★画

動（絵を）描く
関連▸▸ 畫（兒）名（493）

263 音ㄧㄣ 樂ㄩㄝˋ
yīnyuè
★音乐

名 音楽

264 票 ㄆㄧㄠˋ
piào

名 チケット、入場券、切符

265 照ㄓㄠˋ 片ㄆㄧㄢˋ
zhàopiàn

名 写真

266 打 ㄉㄚˇ
dǎ

動（球技を）する、叩く、打つ

267 玩 ㄨㄢˊ
wán

動 遊ぶ

268 運ㄩㄣˋ 動ㄉㄨㄥˋ
yùndòng
★运动

動 運動する

269 運ㄩㄣˋ 動ㄉㄨㄥˋ
yùndòng
★运动

名 運動、スポーツ

270 唱ㄔㄤˋ 歌ㄍㄜ
chànggē

動[離] 歌を歌う

我女兒喜歡畫畫。 Wǒ nǚ'ér xǐhuān huà huà.	私の娘は絵を描くのが好きです。
你喜歡聽什麼音樂? Nǐ xǐhuān tīng shénme yīnyuè?	あなたはどんな音楽を聞くのが好きですか?
紅毛城的門票一張多少錢? Hóngmáochéng de ménpiào yì zhāng duōshǎo qián?	紅毛城の入場券は1枚いくらですか?
你這張照片很好看。 Nǐ zhè zhāng zhàopiàn hěn hǎokàn.	あなたのこの写真はきれいです。
櫻木周末喜歡去打籃球。 Yīngmù zhōumò xǐhuān qù dǎ lánqiú.	桜木さんは週末によくバスケットボールをしに行きます。
他喜歡和同學玩球。 Tā xǐhuān hé tóngxué wán qiú.	彼は同級生と球技をするのが好きです。
她每天運動。 Tā měitiān yùndòng.	彼女は毎日運動します。
你喜歡看什麼運動比賽? Nǐ xǐhuān kàn shénme yùndòng bǐsài?	あなたはどんなスポーツの試合を見るのが好きですか?
阿妹唱歌很好聽。 Āmèi chànggē hěn hǎotīng.	妹は歌が上手です。

271 買 ㄇㄞˇ
mǎi
★买

動 買う
⟷ 賣

272 賣 ㄇㄞˋ
mài
★卖

動 売る
⟷ 買

273 錢 ㄑㄧㄢˊ
qián
★钱

名 お金

274 元 ㄩㄢˊ
yuán

量（お金の単位）～元
関連 ▸▸ 塊

主に書き言葉で使う。

275 塊 ㄎㄨㄞˋ
kuài
★块

量（お金の単位）～元、
～個（かたまり状のものを数える）
関連 ▸▸ 元
「～元」という意味では主に話し言葉で使う。

276 貴 ㄍㄨㄟˋ
guì
★贵

形（値段が）高い
⟷ 便宜

277 便 ㄆㄧㄢˊ 宜 ㄧˊ
piányí

形 安い
⟷ 貴

278 市 ㄕˋ 場 ㄔㄤˇ
shìchǎng
★市场

名 市場、マーケット

279 車 ㄔㄜ（子 ˙ㄗ）
chē(zi)
★车（子）

名 車
関連 ▸▸ 汽車（929）

我去買一杯珍珠奶茶。
Wǒ qù mǎi yì bēi zhēnzhū nǎichá.
私はタピオカミルクティーを１杯買いに行きます。

這個賣多少錢？
Zhège mài duōshǎo qián?
これはいくらで売っていますか？

比爾蓋茲很有錢。
Bǐ’ěr Gàizī hěn yǒu qián.
ビル・ゲイツはお金持ちです。

我要美元換台幣。
Wǒ yào měiyuán huàn táibì.
私はアメリカドルを台湾ドルに両替します。

一碗豆花幾塊錢？
Yì wǎn dòuhuā jǐ kuài qián?
豆花は１杯いくらですか？

太貴了。
Tài guì le.
高すぎます。

算便宜一點吧。
Suàn piányí yìdiǎn ba.
もう少し安くしてくださいよ。

這附近有市場嗎？
Zhè fùjìn yǒu shìchǎng ma?
この近くに市場はありますか？

她買了一輛紅色的跑車。
Tā mǎile yí liàng hóngsè de pǎochē.
彼女は赤いスポーツカーを買いました。

280 開ㄎㄞ車ㄔㄜ
kāichē
★开车

動[離] 車を運転する

281 公ㄍㄨㄥ車ㄔㄜ
gōngchē
★公（交）车 gōng(jiāo)chē

名 バス
公共汽車ともいう。

282 地ㄉㄧˋ鐵ㄊㄧㄝˇ
dìtiě
★地铁

名 地下鉄

283 路ㄌㄨˋ
lù

名 道路、道筋、路線

284 方ㄈㄤ便ㄅㄧㄢˋ
fāngbiàn

形 便利である

285 天ㄊㄧㄢ
tiān

名 空、天空
関連 ▶▶ **天** 量 (094)

286 天ㄊㄧㄢ氣ㄑㄧˋ
tiānqì
★天气

名 天気

287 山ㄕㄢ
shān

名 山

288 河ㄏㄜˊ
hé

名 川

喝酒不開車，開車不喝酒。 Hē jiǔ bù kāichē, kāichē bù hē jiǔ.	飲んだら乗るな、乗るなら飲むな。
這輛公車去故宮嗎？ Zhè liàng gōngchē qù Gùgōng ma?	このバスは故宮に行きますか？
這附近有地鐵站嗎？ Zhè fùjìn yǒu dìtiězhàn ma?	ここの近くに地下鉄の駅はありますか？
一路平安。 Yílù píng'ān.	道中ご無事で。
台北的捷運很方便。 Táiběi de jiéyùn hěn fāngbiàn.	台北の MRT は便利です。
飛機在天上飛。 Fēijī zài tiānshàng fēi.	飛行機が空を飛んでいます。
今天天氣很好。 Jīntiān tiānqì hěn hǎo.	今日は天気がよいです。
阿里山的日出很美。 Ālǐshān de rìchū hěn měi.	阿里山の日の出は美しいです。
淡水河的夕陽很浪漫。 Dànshuǐhé de xìyáng hěn làngmàn.	淡水河の夕日はロマンチックです。

289 **海** ㄏㄞˇ hǎi
名 海

290 **風** ㄈㄥ fēng
★风
名 風

291 **花** ㄏㄨㄚ huā
名 花

292 **樹** ㄕㄨˋ shù
★树
名 木

293 **狗** ㄍㄡˇ gǒu
名 犬

294 **很** ㄏㄣˇ hěn
副 とても

295 **非常** ㄈㄟ ㄔㄤˊ fēicháng
副 非常に、きわめて

296 **真** ㄓㄣ zhēn
副 本当に
関連 ▶▶ **真** 形 (650)

297 **太** ㄊㄞˋ tài
副 ～すぎる、たいへん

台灣四面環海。
Táiwān sìmiàn huán hǎi.
台湾は四方を海に囲まれています。

風輕輕地吹。
Fēng qīngqīngde chuī.
風がそっと吹いています。

張奶奶很會種花。
Zhāng nǎinai hěn huì zhòng huā.
張おばあさんは花を育てるのが得意です。

榕樹在台灣很常見。
Róngshù zài Táiwān hěn chángjiàn.
ガジュマルは台湾でよく見られます。

他養了一條狗。
Tā yǎngle yì tiáo gǒu.
彼は犬を１匹飼っています。

很高興認識你。
Hěn gāoxìng rènshì nǐ.
あなたと知り合えてうれしいです。

媽媽今天非常高興。
Māma jīntiān fēicháng gāoxìng.
母親は今日非常に喜んでいます。

我是真的愛你。
Wǒ shì zhēn de ài nǐ.
私は本当にあなたを愛しているのです。

今天 38 度，太熱了。
Jīntiān sānshíbā dù, tài rè le.
今日は 38 度で、暑すぎます。

298 好 ㄏㄠˇ
hǎo

副 とても、ずいぶんと
関連 ▶▶ 好 形 (621)

299 再 ㄗㄞˋ
zài

副 再び、もう一度

300 每 ㄇㄟˇ
měi

形 ～の度、それぞれの

301 常ㄔㄤˊ常ㄔㄤˊ
chángcháng

副 よく、しょっちゅう

302 也 ㄧㄝˇ
yě

副 ～も、～でも、～さえも

303 都 ㄉㄡ
dōu

副 どれも、すべて

304 只 ㄓˇ
zhǐ

副 ～だけ、ただ～

305 多 ㄉㄨㄛ
duō

副 たくさん、よく
関連 ▶▶ 多 形 (140)

306 一ㄧˋ點ㄉㄧㄢˇ(兒ㄦ)
yìdiǎn(r)

★一点（儿）

副 少し

這次的地震好大。 Zhècì de dìzhèn hǎo dà.	今回の地震はとても大きいです。
請再看一次。 Qǐng zài kàn yí cì.	もう一度見てください。
他每天早上去公園散步。 Tā měitiān zǎoshàng qù gōngyuán sànbù.	彼は毎朝公園に行って散歩をします。
小林常常去吃牛肉麵。 Xiǎo Lín chángcháng qù chī niúròumiàn.	林さんはよく牛肉麺を食べに行きます。
他也是在中國工作。 Tā yě shì zài Zhōngguó gōngzuò.	彼も中国で仕事をしています。
他們都是英國人。 Tāmen dōu shì Yīngguórén.	彼らはみなイギリス人です。
我只有一個哥哥。 Wǒ zhǐ yǒu yí ge gēge.	私は１人だけ兄がいます。
多吃一點。 Duō chī yìdiǎn.	たくさん食べてください。
我想多看一點中文書。 Wǒ xiǎng duō kàn yìdiǎn Zhōngwén shū.	私はもう少し中国語の本を読みたいです。

307 一ㄧˋ些ㄒㄧㄝ
yìxiē
名 いくらか、少しばかり

308 一ㄧˋ起ㄑㄧˇ
yìqǐ
★一起
副 一緒に

309 比ㄅㄧˇ
bǐ
前 ～より、～に比べて

310 和ㄏㄜˊ/ㄏㄢˋ
hé/hàn
接 ～と～

311 跟ㄍㄣ
gēn
接 ～と～

312 可ㄎㄜˇ是ㄕˋ
kěshì
接 しかし

313 還ㄏㄞˊ是ㄕˋ
háishì
★还是
接 それとも
副 相変わらず、やはり

314 因ㄧㄣ為ㄨㄟˋ
yīnwèi
★因为
接 なぜなら、～なので、～のために

315 所ㄙㄨㄛˇ以ㄧˇ
suǒyǐ
接 したがって、だから、それゆえに

我想找一些資料。
Wǒ xiǎng zhǎo yìxiē zīliào.

私はいくらか資料を探したいです。

我們一起去。
Wǒmen yìqǐ qù.

私たちは一緒に行きます。

女兒比我高了。
Nǚ’ér bǐ wǒ gāo le.

娘は私より背が高くなりました。

這台電腦和腳踏車都是台灣做的。
Zhè tái diànnǎo hé jiǎotàchē dōu shì Táiwān zuò de.

このパソコンと自転車はいずれも台湾で作ったものです。

我要吃水煎包跟酸辣湯。
Wǒ yào chī shuǐjiānbāo gēn suānlàtāng.

私は水煎包と酸辣湯を食べたいです。
※水煎包：蒸し焼きにした小ぶりの中華まん

哥哥想吃大餐可是沒錢。
Gēge xiǎng chī dàcān kěshì méi qián.

兄はごちそうを食べたいですがお金がありません。

你要咖啡還是紅茶？
Nǐ yào kāfēi háishì hóngchá.

コーヒーがいいですか、それとも紅茶がいいですか？

因為太餓，沒辦法睡覺。
Yīnwèi tài è, méi bànfǎ shuìjiào.

お腹が空きすぎて、眠れませんでした。

她頭痛，所以沒來上課。
Tā tóu tòng, suǒyǐ méi lái shàngkè.

彼女は頭が痛かったので授業に来ませんでした。

その他

316 會 ㄏㄨㄟˋ
huì
★会

助動 ～できる、～する可能性がある

317 能 ㄋㄥˊ
néng

助動 ～できる、～してもよい

318 可 ㄎㄜˇ 以 ㄧˇ
kěyǐ

助動 ～できる、～してもよい

319 可 ㄎㄜˇ 能 ㄋㄥˊ
kěnéng

助動 ～かもしれない

320 得 ˙ㄉㄜ
de

助（動詞や形容詞の後において補語を導く）

321 吧 ˙ㄅㄚ
ba

助（文末において相談・要求、指示、同意、推測などの語気を表す）

322 著 ˙ㄓㄜ
zhe
★着

助 ～している（動作や状態の継続・持続を表す）

323 呢 ˙ㄋㄜ
ne

助（疑問や強調・確定の語気を表す）

324 了 ˙ㄌㄜ
le

助（動作の完了や実現、変化を表す）

你會煮日本菜嗎？

Nǐ huì zhǔ Rìběncài ma?

あなたは日本料理を作ることができますか？

這裡不能吸菸。

Zhèlǐ bùnéng xīyān.

ここでたばこを吸うことはできません。

我可以坐這裡嗎？

Wǒ kěyǐ zuò zhèlǐ ma?

ここに座ってもいいですか？

他可能不來了。

Tā kěnéng bù lái le.

彼は来ないかもしれません。

哥哥吃飯吃得很快。

Gēge chīfàn chīde hěn kuài.

兄はご飯を食べるのが早いです。

快吃吧。

Kuài chī ba.

早く食べて。

小花看著我，不說一句話。

Xiǎo Huā kànzhe wǒ, bù shuō yí jù huà.

小花は私を見つめたまま、一言も話しませんでした。

我吃雪花冰，你呢？

Wǒ chī xuěhuābīng, nǐ ne?

私はかき氷を食べます。あなたは？

我吃飽了。

Wǒ chībǎo le.

私はお腹がいっぱいになりました。

その他

325 **過** ㄍㄨㄛˋ
guò
★过

助 ～したことがある
（動詞の後において過去の経験を表す）
関連 ▶▶ **過** 動（405）

326 **喂** ㄨㄟˊ
wéi/wèi

助 もしもし、ちょっと、おい

327 **給** ㄍㄟˇ
gěi
★给

前 ～に、～に対して、～に向かって、
～のために
関連 ▶▶ **給** 動（190）

328 **從** ㄘㄨㄥˊ
cóng
★从

前 ～から

329 **離** ㄌㄧˊ
lí
★离

前 ～から、～まで

330 **往** ㄨㄤˇ
wǎng

前 ～に向かって、～の方へ

你去過九份嗎？
Nǐ qùguò Jiǔfèn ma?

あなたは九份に行ったことがありますか？

喂，請問林老師在嗎？
Wéi, qǐngwèn Lín lǎoshī zài ma?

もしもし、林先生はいらっしゃいますか？

我想買禮物給爸爸。
Wǒ xiǎng mǎi lǐwù gěi bàba.

私は父にプレゼントを買いたいです。

我從今天開始減肥。
Wǒ cóng jīntiān kāishǐ jiǎnféi.

私は今日からダイエットを始めます。

你家離這裡有多遠？
Nǐ jiā lí zhèlǐ yǒu duōyuǎn?

あなたの家はここからどのくらい遠いですか？

往台東的列車即將到達。
Wǎng Táidōng de lièchē jíjiāng dàodá.

台東行きの列車が間もなく到着します。

「高速鐵路」の駅名

台湾には「高速鐵路（高鐵）」という、日本の新幹線のような移動手段があり、台北市から高雄市まで、各地が南北に結ばれています。便利な交通手段なので、台湾に行った際はぜひ「高鐵」に乗っていろいろな街に足を運んでみましょう！

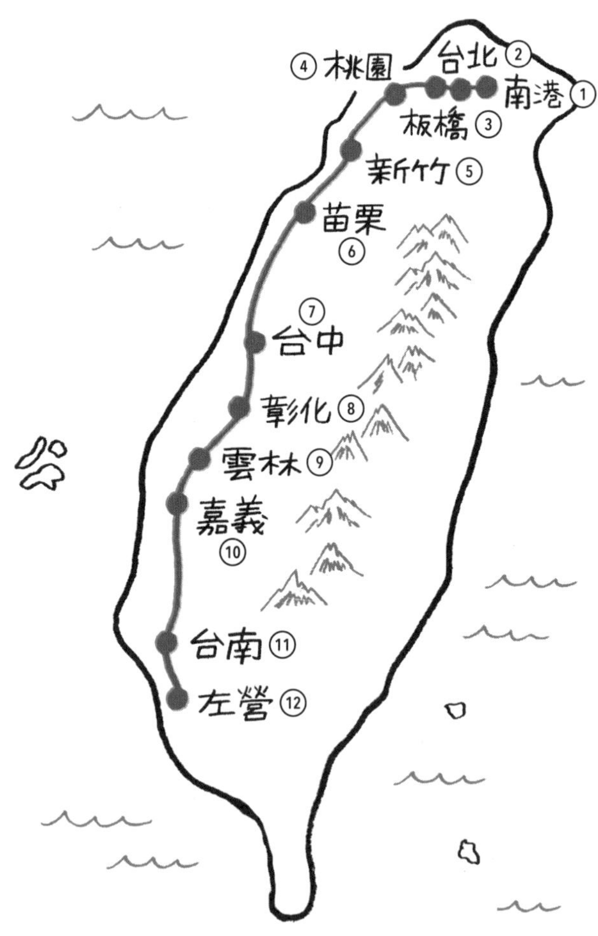

① 南ㄋㄢˊ港ㄍㄤˇ Nángǎng

2016年に高速鉄道が開通した比較的新しい駅。ほとんどの新幹線の始発駅であり終着駅です。

② 台ㄊㄞˊ北ㄅㄟˇ Táiběi

台湾最大の都市として、政治・経済・文化の中心を担っています。自然も多く、温泉や山林を楽しむこともできます。

③ 板ㄅㄢˇ橋ㄑㄧㄠˊ Bǎnqiáo

なんと台湾にも「板橋」があります。台湾を代表するクリスマスイベントは板橋駅前のエリアで行われます。

④ 桃ㄊㄠˊ園ㄩㄢˊ Táoyuán

桃園国際空港があり、台湾の玄関口となっています。「大渓老街」では昔の台湾の面影を感じられます。

⑤ 新ㄒㄧㄣ竹ㄓㄨˊ Xīnzhú

ビーフンが有名な新竹ですが、IT関連の企業や工場が多くあり、「台湾のシリコンバレー」とも呼ばれています。

⑥ 苗ㄇㄧㄠˊ栗ㄌㄧˋ Miáolì

気候が穏やかで豊かな自然にも恵まれているため、地元の人にも人気の観光スポットです。

⑦ 台ㄊㄞˊ中ㄓㄨㄥ Táizhōng

台湾第2の都市で、中部の中心部。「国立台湾美術館」や「台中国家歌劇院」など、文化施設も充実しています。

⑧ 彰ㄓㄤ化ㄏㄨㄚˋ Zhānghuà

山々に囲まれた、観光資源が豊かな都市。彰化名物「肉圓」は台湾語で「バーワン」と呼ばれています。

⑨ 雲ㄩㄣˊ林ㄌㄧㄣˊ Yúnlín

「台湾の台所」と言われる農業王国。ノスタルジックな街並みも魅力です。

⑩ 嘉ㄐㄧㄚ義ㄧˋ Jiāyì

歴史的観光スポットの多い街。台湾映画『KANO 1931 海の向こうの甲子園』の舞台となった場所です。

⑪ 台ㄊㄞˊ南ㄋㄢˊ Táinán

文化財や史跡が多くある古都。緑豆スープやサバヒーなど台南ならではグルメもたくさんあります。

⑫ 左ㄗㄨㄛˇ營ㄧㄥˊ Zuǒyíng

高速鉄道で高雄に行くときはこの駅で降りましょう。駅には「新光三越」が直結していて買い物も便利です。

駅名を覚えたら、アナウンスの聞き取りに挑戦してみましょう！

\ column /

台湾の宗教信仰と人々の暮らし

台湾では信仰の自由が認められており、多様な宗教観を持った人々が共生しています。「廟」にはその特色ある宗教観が表れていて、1か所に仏教や道教などのさまざまな神様が祀られています。廟にはおみくじを引き、神様と対話することで悩みや不安を解消する人も。

以下に基本的なおみくじの引き方を紹介します。引き方は廟によって異なることも。現地に説明があれば参考にしてみてください。

①神様に名前や住所、生年月日など簡単な自己紹介と悩みの相談をします。

②その相談内容でおみくじを引いてもよいか確かめるために「筊杯」という一対の半月型の木片を投げます。筊杯には裏と表があり、裏と表が1つずつ出ると「聖杯」。神様に相談することができます。両方表は「陰杯」で意味は「ノー」、両方裏は「笑杯」で意味は「やり直し」「相談内容が不明確」。相談内容を変えて①からやり直します。

③筒から番号が書かれた棒を引き、おみくじが正確な答えか確認するために再度「筊杯」を投げます。

④「聖杯」が出たら、棒に書かれた番号のおみくじを取って、相談した悩みに対する答えを確認します。おみくじの意味を解説してくれる人がいる場合もあるので、書かれている内容がわからなければ聞きに行ってみましょう。

有名な「廟」といえば、台北の「龍山寺」や「霞海城隍廟」、台中の「樂成宮」、日月潭の「龍鳳宮」、鹿港の「天后宮」など。これらの廟には縁結びの神様である月下老人が祀られています。

また、「大甲媽祖文化節（媽祖の巡礼）」、「東港迎王平安祭」、「鯤鯓王平安鹽祭」、「保生文化祭」、「平溪天燈節（ランタンフェスティバル）」、「鹽水蜂炮（ロケット花火祭り）」、「頭城搶孤」、「基隆中元祭」などは民間信仰の行事として、人々の間で盛んに行われています。

Step 2

少しずつ会話の幅を広げる入門単語 182 語です。見出し語はもちろん、例文も一緒に覚えて、使える表現を増やしていきましょう！

レベル｜TOCFL 入門級

331 男ㄋㄢˊ生ㄕㄥ
nánshēng
名 男性

332 女ㄋㄩˇ生ㄕㄥ
nǚshēng
名 女性

333 小ㄒㄧㄠˇ孩ㄏㄞˊ
xiǎohái
名 子供
関連 ▶▶ 孩子（050）

334 家ㄐㄧㄚ人ㄖㄣˊ
jiārén
名 家族

335 姓ㄒㄧㄥˋ名ㄇㄧㄥˊ
xìngmíng
名 名字と名前、氏名

336 千ㄑㄧㄢ
qiān
名 千

337 萬ㄨㄢˋ
wàn
★万
名 万

338 樓ㄌㄡˊ
lóu
★楼
量 ～階

339 公ㄍㄨㄥ斤ㄐㄧㄣ
gōngjīn
量 ～kg

男生宿舍在一號樓後面。
Nánshēng sùshè zài yī hào lóu hòumiàn.
男子寮は１号館の裏側にあります。

女生廁所總是有人排隊。
Nǚshēng cèsuǒ zǒngshì yǒu rén páiduì.
女子トイレはいつも並んでいる人がいます。

你的小孩很會說話。
Nǐ de xiǎohái hěn huì shuōhuà.
あなたの子供はよくしゃべりますね。

我家人都在台灣。
Wǒ jiārén dōu zài Táiwān.
私の家族はみんな台湾にいます。

請寫下你的姓名。
Qǐng xiěxià nǐ de xìngmíng.
氏名をお書きください。

我只有一千塊。
Wǒ zhǐ yǒu yìqiān kuài.
私は 1,000 元しか持っていません。

一本書要一萬塊算貴嗎？
Yì běn shū yào yí wàn kuài suàn guì ma?
本１冊で１万元は高いですか？

你們公司在幾樓？
Nǐmen gōngsī zài jǐ lóu?
あなた方の会社は何階にありますか？

公斤和台斤不一樣。
Gōngjīn hé táijīn bùyíyàng.
"公斤" と "台斤" は同じではありません。
※ "1 公斤"= 1 kg、"1 台斤"= 600g

340 片 ㄆㄧㄢˋ
piàn

量（平らな形をしているものやかけらになっているものを数える）
（広い面積や範囲を数える）

341 一ㄧˊ半ㄅㄢˋ(兒ㄦ)
yíbàn(r)

★一半（儿）

名 半分、2分の1

342 新ㄒㄧㄣ年ㄋㄧㄢˊ
xīnnián

名 新年、正月

343 春ㄔㄨㄣ天ㄊㄧㄢ
chūntiān

名 春
関連▶▶ **春** (549)

344 夏ㄒㄧㄚˋ天ㄊㄧㄢ
xiàtiān

名 夏
関連▶▶ **夏** (550)

345 秋ㄑㄧㄡ天ㄊㄧㄢ
qiūtiān

名 秋
関連▶▶ **秋** (551)

346 冬ㄉㄨㄥ天ㄊㄧㄢ
dōngtiān

名 冬
関連▶▶ **冬** (552)

347 小ㄒㄧㄠˇ時ㄕˊ
xiǎoshí

★小时

名 ～時間
関連▶▶ **鐘頭** (560)

348 點ㄉㄧㄢˇ鐘ㄓㄨㄥ
diǎnzhōng

★点钟

量 ～時
関連▶▶ **點** (100)

這一片沙灘好美。
Zhè yí piàn shātān hǎo měi.
この砂浜はとてもきれいです。

我們一人一半。
Wǒmen yì rén yíbàn.
私たちではんぶんこしよう。

新年快樂。
Xīnnián kuàilè.
あけましておめでとうございます。

春天我們去陽明山看櫻花。
Chūntiān wǒmen qù Yángmíngshān kàn yīnghuā.
春に私たちは陽明山に行って花見をします。

我夏天愛吃芒果冰。
Wǒ xiàtiān ài chī mángguǒbīng.
夏にマンゴーかき氷を食べるのが好きです。

秋天的阿里山可以看楓葉。
Qiūtiān de Ālǐshān kěyǐ kàn fēngyè.
秋の阿里山は紅葉が見られます。

有人冬天喜歡吃羊肉爐。
Yǒurén dōngtiān xǐhuān chī yángròulú.
冬にヤギの鍋を食べるのが好きな人もいます。
※台湾で「**羊肉**」はヤギ肉である場合が多い

飛機還要幾個小時才到。
Fēijī hái yào jǐ ge xiǎoshí cái dào.
飛行機はあと数時間でようやく着きます。

明天九點鐘開會。
Míngtiān jiǔ diǎnzhōng kāihuì.
明日９時に会議をします。

349 分ㄈㄣ鐘ㄓㄨㄥ
fēnzhōng
★分钟

量 ～分、～分間
関連 ▶▶ 分（101）

350 久ㄐㄧㄡˇ
jiǔ

形 長い、久しい

351 有ㄧㄡˇ時ㄕˊ候ㄏㄡˋ
yǒushíhòu
★有时候

副 ときどき

352 在ㄗㄞˋ
zài

副 ～している
関連 ▶▶ 在 動（006）、在 前（106）

353 對ㄉㄨㄟˋ面ㄇㄧㄢˋ
duìmiàn
★对面

名 向かい、真正面

354 裡ㄌㄧˇ面ㄇㄧㄢˋ
lǐmiàn
★里面

名 中、内側
⟷ 外面（115）

355 國ㄍㄨㄛˊ家ㄐㄧㄚ
guójiā
★国家

名 国家

356 城ㄔㄥˊ市ㄕˋ
chéngshì

名 都市

357 街ㄐㄧㄝ
jiē

名 街、通り

0 100 200 300 400 500 600 700 800 900 1000

等ㄉㄥˇ我ㄨㄛˇ三ㄙㄢ分ㄈㄣ鐘ㄓㄨㄥ。
Děng wǒ sān fēnzhōng.

3分待ってください。

好ㄏㄠˇ久ㄐㄧㄡˇ不ㄅㄨˊ見ㄐㄧㄢˋ。
Hǎojiǔ bú jiàn.

お久しぶりです。

有ㄧㄡˇ時ㄕˊ候ㄏㄡˋ我ㄨㄛˇ早ㄗㄠˇ上ㄕㄤˋ吃ㄔ鹹ㄒㄧㄢˊ豆ㄉㄡˋ漿ㄐㄧㄤ。
Yǒushíhòu wǒ zǎoshàng chī xiándòujiāng.

ときどき私は朝に鹹豆漿を食べます。
※鹹豆漿：豆乳を使った具だくさんのスープ

妹ㄇㄟˋ妹ㄇㄟ˙在ㄗㄞˋ打ㄉㄚˇ工ㄍㄨㄥ。
Mèimei zài dǎgōng.

妹はアルバイトをしています。

飯ㄈㄢˋ店ㄉㄧㄢˋ的ㄉㄜ˙對ㄉㄨㄟˋ面ㄇㄧㄢˋ就ㄐㄧㄡˋ有ㄧㄡˇ夜ㄧㄝˋ市ㄕˋ。
Fàndiàn de duìmiàn jiù yǒu yèshì.

ホテルの向かいにすぐ夜市があります。

行ㄒㄧㄥˊ李ㄌㄧˇ箱ㄒㄧㄤ裡ㄌㄧˇ面ㄇㄧㄢˋ有ㄧㄡˇ什ㄕㄣˊ麼ㄇㄜ˙？
Xínglǐxiāng lǐmiàn yǒu shénme?

スーツケースの中には何がありますか？

我ㄨㄛˇ想ㄒㄧㄤˇ去ㄑㄩˋ很ㄏㄣˇ多ㄉㄨㄛ國ㄍㄨㄛˊ家ㄐㄧㄚ。
Wǒ xiǎng qù hěn duō guójiā.

私はたくさんの国に行きたいです。

台ㄊㄞˊ南ㄋㄢˊ是ㄕˋ一ㄧˊ個ㄍㄜ˙老ㄌㄠˇ城ㄔㄥˊ市ㄕˋ。
Táinán shì yí ge lǎochéngshì.

台南は古い街です。

鹿ㄌㄨˋ港ㄍㄤˇ的ㄉㄜ˙老ㄌㄠˇ街ㄐㄧㄝ非ㄈㄟ常ㄔㄤˊ有ㄧㄡˇ趣ㄑㄩˋ。
Lùgǎng de lǎojiē fēicháng yǒuqù.

鹿港の下町は非常に面白いです。

Step 2 日にちや時間・位置や場所

358 海ㄏㄞˇ邊ㄅㄧㄢ
hǎibiān
★海边
名 海辺、海岸

359 公ㄍㄨㄥ園ㄩㄢˊ
gōngyuán
★公园
名 公園

360 郵ㄧㄡˊ局ㄐㄩˊ
yóujú
★邮局
名 郵便局

361 銀ㄧㄣˊ行ㄏㄤˊ
yínháng
★银行
名 銀行

362 警ㄐㄧㄥˇ察ㄔㄚˊ
jǐngchá
名 警察

363 飯ㄈㄢˋ店ㄉㄧㄢˋ
fàndiàn
★饭店
名 ホテル、レストラン

364 旅ㄌㄩˇ館ㄍㄨㄢˇ
lǚguǎn
★旅馆
名 旅館、ホテル

365 商ㄕㄤ店ㄉㄧㄢˋ
shāngdiàn
名 店、店舗

366 店ㄉㄧㄢˋ
diàn
名 店

海邊的風有鹹味。
Hǎibiān de fēng yǒu xiánwèi.
海辺の風は塩の香りがします。

玉山國家公園有美麗的高山風景。
Yùshān Guójiā Gōngyuán yǒu měilì de gāoshān fēngjǐng.
玉山国立公園には美しい高山風景があります。

我要去郵局寄信。
Wǒ yào qù yóujú jì xìn.
私は郵便局に行って手紙を送らなければなりません。

我想去銀行換新台幣。
Wǒ xiǎng qù yínháng huàn xīntáibì.
私は銀行に行って新台湾ドルに両替したいです。

他先生是警察。
Tā xiānshēng shì jǐngchá.
彼の夫は警察です。

你訂飯店了嗎？
Nǐ dìng fàndiàn le ma?
ホテルを予約しましたか？

你住過日本的旅館嗎？
Nǐ zhùguò Rìběn de lǚguǎn ma?
あなたは日本の旅館に泊まったことがありますか？

這是一家網路商店。
Zhè shì yì jiā wǎnglù shāngdiàn.
これはオンラインショップです。

這家店賣台灣魯肉飯。
Zhè jiā diàn mài Táiwān lǔròufàn.
このお店は台湾の魯肉飯を売っています。

367 樓ㄌㄡˊ上ㄕㄤˋ
lóushàng
★楼上

名 階上
⟷ **樓下**

368 樓ㄌㄡˊ下ㄒㄧㄚˋ
lóuxià
★楼下

名 階下
⟷ **樓上**

369 頭ㄊㄡˊ
tóu
★头

名 頭、頭髪、頂点、端

370 頭ㄊㄡˊ髮ㄈㄚˇ
tóufǎ
★头发 tóufa

名 髪の毛

371 耳ㄦˇ朵˙ㄉㄨㄛ
ěrduo

名 耳

372 手ㄕㄡˇ指ㄓˇ(頭˙ㄊㄡ)
shǒuzhǐ(tou)
★手指（头）

名 手の指

373 肚ㄉㄨˋ子˙ㄗ
dùzi

名 お腹

374 健ㄐㄧㄢˋ康ㄎㄤ
jiànkāng

形 健やかである、健康である

375 生ㄕㄥ病ㄅㄧㄥˋ
shēngbìng

動[離] 病気になる

樓上有自動販賣機。 Lóushàng yǒu zìdòng fànmàijī.	上の階に自動販売機があります。
樓下有室內游泳池。 Lóuxià yǒu shìnèi yóuyǒngchí.	下の階に屋内プールがあります。
他對我點點頭。 Tā duì wǒ diǎndiǎn tóu.	彼は私にうなずきました。
你剪頭髮了嗎？ Nǐ jiǎn tóufǎ le ma?	髪を切りましたか？
兔子的耳朵很長。 Tùzi de ěrduo hěn cháng.	ウサギの耳は長いです。
用手指在空中寫字。 Yòng shǒuzhǐ zài kōngzhōng xiě zì.	指で空中に字を書いてください。
吃太多，我的肚子不舒服。 Chī tài duō, wǒ de dùzi bùshūfu.	食べすぎで、私のお腹は調子が悪いです。
祝你健康快樂。 Zhù nǐ jiànkāng kuàilè.	あなたが健康で幸せでありますように。
她生病了，今天在家休息。 Tā shēngbìng le, jīntiān zài jiā xiūxí.	彼女は病気になって、今日は家で休みます。

体や健康・性質や状態

376 感ㄍㄢˇ冒ㄇㄠˋ
gǎnmào

動 風邪をひく

---

377 受ㄕㄡˋ傷ㄕㄤ
shòushāng

★受伤

動[離] 怪我をする

---

378 痛ㄊㄨㄥˋ
tòng

形 痛い
関連▶▶ **疼**（607）

---

379 胖ㄆㄤˋ
pàng

形 太っている
⟷ **瘦**

---

380 瘦ㄕㄡˋ
shòu

形 痩せている、脂肪が少ない
⟷ **胖**

---

381 矮ㄞˇ
ǎi

形 背の低い
⟷ **高**（144）

---

382 短ㄉㄨㄢˇ
duǎn

形 短い
⟷ **長**（143）

---

383 壞ㄏㄨㄞˋ
huài

★坏

動 壊れる
形 悪い、傷んでいる

---

384 不ㄅㄨˊ錯ㄘㄨㄛˋ
búcuò

★不错

形 すばらしい、間違いない

天冷了，不要感冒了。 Tiān lěng le, búyào gǎnmào le.	寒くなったので、風邪をひかないでね。
這隻小狗受傷了。 Zhè zhī xiǎogǒu shòushāng le.	この子犬は怪我をしています。
我肚子痛，要去廁所。 Wǒ dùzi tòng, yào qù cèsuǒ.	お腹が痛いので、トイレに行きます。
你不胖，不需要減肥。 Nǐ bú pàng, bùxūyào jiǎnféi.	あなたは太っていないので、ダイエットの必要はありません。
太胖也不好，太瘦也不好。 Tài pàng yě bù hǎo, tài shòu yě bù hǎo.	太りすぎもよくないし、痩せすぎもよくありません。
不要說我矮。我還會長高。 Búyào shuō wǒ ǎi. Wǒ hái huì zhǎnggāo.	背が低いと言わないで。私はまだ背が高くなります。
我的手指頭很短。 Wǒ de shǒuzhǐtou hěn duǎn.	私の指は短いです。
我的眼鏡壞了。 Wǒ de yǎnjìng huài le.	私の眼鏡が壊れました。
你這件旗袍看起來很不錯。 Nǐ zhè jiàn qípáo kànqǐlái hěn búcuò.	あなたのチャイナドレスは見たところすばらしいです。

385 重ㄓㄨㄥˋ要ㄧㄠˋ
zhòngyào

形 重要である、大切である

386 安ㄢ靜ㄐㄧㄥˋ
ānjìng
★安静

形 静かである、平穏である

387 年ㄋㄧㄢˊ輕ㄑㄧㄥ
niánqīng
★年轻

形 若い
⟷ 老

388 老ㄌㄠˇ
lǎo

形 老いた ⟷ 年輕
古い、経験を積んだ、もとの

389 可ㄎㄜˇ愛ㄞˋ
kě'ài
★可爱

形 かわいい

390 緊ㄐㄧㄣˇ張ㄓㄤ
jǐnzhāng
★紧张

形 緊張している

391 舒ㄕㄨ服ㄈㄨ˙
shūfu

形 快適である、心地よい

392 希ㄒㄧ望ㄨㄤˋ
xīwàng

動 望む、希望する

393 歡ㄏㄨㄢ迎ㄧㄥˊ
huānyíng
★欢迎

動 歓迎する

這件事很重要。
Zhè jiàn shì hěn zhòngyào.
この件は重要です。

晚上這裡很安靜。
Wǎnshàng zhèlǐ hěn ānjìng.
夜、ここは静かです。

你看起來真年輕。
Nǐ kànqǐlái zhēn niánqīng.
あなたは本当に若く見えます。

我們是老朋友。
Wǒmen shì lǎopéngyou.
私たちは古くからの友人です。

你的孩子很可愛。
Nǐ de háizi hěn kě'ài.
あなたの子供はかわいいです。

考試前我很容易緊張。
Kǎoshì qián wǒ hěn róngyì jǐnzhāng.
試験の前に私は緊張しやすいです。

今天的天氣很舒服。
Jīntiān de tiānqì hěn shūfu.
今日の気候は快適です。

老師希望我們都考上大學。
Lǎoshī xīwàng wǒmen dōu kǎoshàng dàxué.
先生は私たちがみんな大学に合格することを望んでいます。

歡迎你來台灣。
Huānyíng nǐ lái Táiwān.
台湾へようこそ。

394 記ㄐㄧˋ得ㄉㄜ˙
jìde
★记得
動 覚えている

395 一ㄧˊ定ㄉㄧㄥˋ
yídìng
副 必ず、きっと、絶対に

396 決ㄐㄩㄝˊ定ㄉㄧㄥˋ
juédìng
★决定
名 決定

397 注ㄓㄨˋ意ㄧˋ
zhùyì
動 注意する、気をつける

398 跑ㄆㄠˇ步ㄅㄨˋ
pǎobù
動[離] 走る、ジョギングをする

399 騎ㄑㄧˊ
qí
★骑
動（またがって）乗る、またがる

400 踢ㄊㄧ
tī
動 蹴る

401 關ㄍㄨㄢ
guān
★关
動 閉まる、閉める、閉じ込める、（スイッチを）切る
⟷ 開（184）

402 回ㄏㄨㄟˊ答ㄉㄚˊ
huídá
動 答える

你記得我嗎？
Nǐ jìde wǒ ma?
あなたは私を覚えていますか？

你明天一定要來。
Nǐ míngtiān yídìng yào lái.
あなたは明日必ず来なければなりません。

這是我的決定。
Zhè shì wǒ de juédìng.
これは私の決定です。

注意不要忘了您的隨身物品。
Zhùyì búyào wàngle nín de suíshēn wùpǐn.
お手回り品を忘れないようご注意ください。

他每天早上跑步。
Tā měitiān zǎoshàng pǎobù.
彼は毎朝ジョギングをします。

你會騎機車嗎？
Nǐ huì qí jīchē ma?
あなたはバイクに乗れますか？

不要踢我的椅子。
Búyào tī wǒ de yǐzi.
私の椅子を蹴らないで。

這家速食店24小時不關門。
Zhè jiā sùshídiàn èrshísì xiǎoshí bù guānmén.
このファストフード店は 24 時間営業です。

我想一想再回答你。
Wǒ xiǎng yì xiǎng zài huídá nǐ.
私はちょっと考えて、あなたに答えます。

403 寄 ㄐㄧˋ
jì
動 郵送する、預ける

404 接 ㄐㄧㄝ
jiē
動 迎える、接する、つなぐ、受ける、続ける

405 過 ㄍㄨㄛˋ
guò
★过
動 過ぎる、通過する、過ごす、超過する
関連 ▶▶ 過 助（325）

406 游ㄧㄡˊ 泳ㄩㄥˇ
yóuyǒng
動[離] 泳ぐ

407 幫ㄅㄤ 忙ㄇㄤˊ
bāngmáng
★帮忙
動[離] 手伝う

408 電ㄉㄧㄢˋ 子ㄗˇ 郵ㄧㄡˊ 件ㄐㄧㄢˋ
diànzǐ yóujiàn
★电子邮件
名 メール

409 冷ㄌㄥˇ 氣ㄑㄧˋ（機ㄐㄧ）
lěngqì(jī)
★空调 kōngtiáo
名 クーラー

410 報ㄅㄠˋ 紙ㄓˇ
bàozhǐ
★报纸
名 新聞

411 禮ㄌㄧˇ 物ㄨˋ
lǐwù
★礼物
名 プレゼント、贈り物

我把東西寄給你。
Wǒ bǎ dōngxi jìgěi nǐ.
私があなたに品物を郵送します。

明天我去飯店接妳。
Míngtiān wǒ qù fàndiàn jiē nǐ.
明日、私はホテルにあなたを迎えに行きます。

我過十分鐘後叫你。
Wǒ guò shí fēnzhōng hòu jiào nǐ.
10分経ったらあなたを呼びます。

金魚在魚缸裡游泳。
Jīnyú zài yúgānglǐ yóuyǒng.
金魚が水槽の中で泳いでいます。

需要幫忙嗎？
Xūyào bāngmáng ma?
お手伝いが必要ですか？

電子郵件也可以說成電郵。
Diànzǐ yóujiàn yě kěyǐ shuōchéng diànyóu.
“電子郵件（Eメール）”は“電郵”と言うこともできます。

冷氣開了嗎？
Lěngqì kāi le ma?
クーラーをつけましたか？

這裡有日文報紙嗎？
Zhèlǐ yǒu Rìwén bàozhǐ ma?
ここに日本語の新聞はありますか？

這是要送給媽媽的禮物。
Zhè shì yào sònggěi māma de lǐwù.
これはお母さんに贈るプレゼントです。

412 信ㄒㄧㄣˋ封ㄈㄥ
xìnfēng

名 封筒

413 地ㄉㄧˋ圖ㄊㄨˊ
dìtú

★地图

名 地図

414 眼ㄧㄢˇ鏡ㄐㄧㄥˋ
yǎnjìng

★眼镜

名 眼鏡

415 襪ㄨㄚˋ子ㄗ˙
wàzi

★袜子

名 靴下

416 裙ㄑㄩㄣˊ子ㄗ˙
qúnzi

名 スカート

417 顏ㄧㄢˊ色ㄙㄜˋ
yánsè

★颜色

名 色

418 黃ㄏㄨㄤˊ色ㄙㄜˋ
huángsè

★黄色

名 黄色

419 白ㄅㄞˊ色ㄙㄜˋ
báisè

名 白

420 電ㄉㄧㄢˋ梯ㄊㄧ
diàntī

★电梯

名 エレベーター

這個信封上寫什麼？ Zhège xìnfēngshàng xiě shénme?	この封筒には何が書いてありますか？
我不太會看地圖。 Wǒ bú tài huì kàn dìtú.	私はあまり地図が読めません。
這副太陽眼鏡很好看。 Zhè fù tàiyáng yǎnjìng hěn hǎokàn.	このサングラスはかっこいいです。
我的襪子破了。 Wǒ de wàzi pò le.	私の靴下は穴が開きました。
這件裙子太短了。 Zhè jiàn qúnzi tài duǎn le.	このスカートは短すぎます。
我喜歡你頭髮的顏色。 Wǒ xǐhuān nǐ tóufǎ de yánsè.	私はあなたの髪色が好きです。
台灣的計程車是黃色的。 Táiwān de jìchéngchē shì huángsè de.	台湾のタクシーは黄色です。
奶奶的頭髮是白色的。 Nǎinai de tóufǎ shì báisè de.	祖母の髪は白いです。
這裡沒有電梯。 Zhèlǐ méiyǒu diàntī.	ここにはエレベーターがありません。

421 房ㄈㄤˊ間ㄐㄧㄢ
fángjiān
★房间

名 部屋

422 廚ㄔㄨˊ房ㄈㄤˊ
chúfáng
★厨房

名 台所、調理場

423 洗ㄒㄧˇ手ㄕㄡˇ間ㄐㄧㄢ
xǐshǒujiān
★洗手间

名 トイレ

424 廁ㄘㄜˋ所ㄙㄨㄛˇ
cèsuǒ
★厕所

名 トイレ

425 窗ㄔㄨㄤ（戶ㄏㄨˋ）
chuāng(hù)
★窗（户）

名 窓

426 家ㄐㄧㄚ具ㄐㄩˋ
jiājù

名 家具

427 椅ㄧˇ子˙ㄗ
yǐzi

名 いす

428 桌ㄓㄨㄛ（子˙ㄗ）
zhuō(zi)

名 テーブル、机

429 沙ㄕㄚ發ㄈㄚ
shāfā
★沙发

名 ソファー

這個房子有三個房間。 Zhège fángzi yǒu sān ge fángjiān.	この家には3つの部屋があります。
爸爸在廚房。 Bàba zài chúfáng.	お父さんは台所にいます。
我要去一下洗手間。 Wǒ yào qù yíxià xǐshǒujiān.	ちょっとトイレに行ってきます。
廁所在哪裡？ Cèsuǒ zài nǎlǐ?	トイレはどこですか？
把窗戶關上。 Bǎ chuānghù guānshàng.	窓を閉めて。
我剛搬家，還沒有買家具。 Wǒ gāng bānjiā, hái méiyǒu mǎi jiājù.	私は引っ越したばかりで、まだ家具を買っていません。
搬兩把椅子過來。 Bān liǎng bǎ yǐzi guòlái.	椅子を2脚運んできてください。
你的手機在桌子上。 Nǐ de shǒujī zài zhuōzishàng.	あなたの携帯電話はテーブルの上にあります。
我想要一個舒服的沙發。 Wǒ xiǎng yào yí ge shūfu de shāfā.	わたしは座りごこちのよいソファーがほしいです。

430 床 ㄔㄨㄤˊ
chuáng

名 ベッド

431 休 ㄒㄧㄡ 息 ㄒㄧˊ
xiūxí

★ xiūxi

動 休む、休憩する

432 結 ㄐㄧㄝˊ 婚 ㄏㄨㄣ
jiéhūn

★结婚

動[離] 結婚する
⟷ **離婚**

433 晚 ㄨㄢˇ 會 ㄏㄨㄟˋ
wǎnhuì

★晚会

名 夜会、夜の集まり、夕べの集い

434 不 ㄅㄨˊ 客 ㄎㄜˋ 氣 ㄑㄧˋ
bú kèqì

★不客气

フ どういたしまして

435 小 ㄒㄧㄠˇ 學 ㄒㄩㄝˊ
xiǎoxué

★小学

名 小学校

436 上 ㄕㄤˋ 學 ㄒㄩㄝˊ
shàngxué

★上学

動[離] 登校する、入学する

437 教 ㄐㄧㄠˋ 室 ㄕˋ
jiàoshì

名 教室

438 語 ㄩˇ 言 ㄧㄢˊ
yǔyán

★语言

名 言語、言葉

貓在床上睡覺。
Māo zài chuángshàng shuìjiào.

猫がベッドで寝ています。

你什麼時候休息?
Nǐ shénme shíhòu xiūxí?

あなたはいつ休みますか？

結婚五十年叫金婚。
Jiéhūn wǔshí nián jiào jīnhūn.

結婚して 50 年を金婚と呼びます。

今天的晚會人很多。
Jīntiān de wǎnhuì rén hěn duō.

今日のパーティーは人が多いです。

A：謝謝。 B：不客氣。
A:Xièxie.　B:Bú kèqì.

A：ありがとう。
B：どういたしまして。

你兒子要上哪個小學?
Nǐ érzi yào shàng nǎge xiǎoxué?

あなたの息子さんはどの小学校に通いますか？

你今天幾點上學?
Nǐ jīntiān jǐ diǎn shàngxué?

今日は何時に学校に行くの？

音樂教室在三樓。
Yīnyuè jiàoshì zài sān lóu.

音楽教室は 3 階にあります。

你會說幾種語言?
Nǐ huì shuō jǐ zhǒng yǔyán?

あなたはいくつの言語を話せますか？

439 華ㄏㄨㄚˊ語ㄩˇ
Huáyǔ
★华语
名 華語

440 華ㄏㄨㄚˊ文ㄨㄣˊ
Huáwén
★华文
名 華語

441 科ㄎㄜ學ㄒㄩㄝˊ
kēxué
★科学
名 科学

442 作ㄗㄨㄛˋ業ㄧㄝˋ
zuòyè
★作业
名 宿題、作業

443 功ㄍㄨㄥ課ㄎㄜˋ
gōngkè
★功课
名 宿題

444 黑ㄏㄟ板ㄅㄢˇ
hēibǎn
名 黒板

445 課ㄎㄜˋ本ㄅㄣˇ
kèběn
★课本
名 教科書

446 句ㄐㄩˋ子˙ㄗ
jùzi
名 文

447 讀ㄉㄨˊ書ㄕㄨ
dúshū
★读书
動[離] 本を読む、勉強する

我會說華語。 Wǒ huì shuō Huáyǔ.	私は華語を話せます。
她寫華文小說。 Tā xiě Huáwén xiǎoshuō.	彼女は華語の小説を書きます。
語言學也是一種科學。 Yǔyánxué yě shì yì zhǒng kēxué.	言語学も一種の科学です。
小學生作業都那麼多嗎？ Xiǎoxuéshēng zuòyè dōu nàme duō ma?	小学生の宿題はみんなこんなに多いのですか？
你功課寫完了嗎？ Nǐ gōngkè xiěwán le ma?	宿題は終わりましたか？
黑板上的字太小，我看不清楚。 Hēibǎnshàng de zì tài xiǎo, wǒ kànbuqīngchǔ.	黒板の字が小さすぎて、はっきり見えません。
這是華文課本。 Zhè shì Huáwén kèběn.	これは華語の教科書です。
這個句子是什麼意思？ Zhège jùzi shì shénme yìsi?	この文はどんな意味ですか？
弟弟喜歡讀書。 Dìdi xǐhuān dúshū.	弟は読書が好きです。

仕事・食事

448 上ㄕㄤˋ班ㄅㄢ
shàngbān

動[離] 出勤する、仕事をする
⟷ 下班 (864)

449 請ㄑㄧㄥˇ假ㄐㄧㄚˋ
qǐngjià
★请假

動[離] 休みを取る、休む

450 辦ㄅㄢˋ公ㄍㄨㄥ室ㄕˋ
bàngōngshì
★办公室

名 オフィス、事務所

451 同ㄊㄨㄥˊ事ㄕˋ
tóngshì

名 同僚

452 工ㄍㄨㄥ廠ㄔㄤˇ
gōngchǎng
★工厂

名 工場

453 工ㄍㄨㄥ人ㄖㄣˊ
gōngrén

名 労働者

454 司ㄙ機ㄐㄧ
sījī
★司机

名 運転手

455 護ㄏㄨˋ士ㄕˋ
hùshì
★护士

名 看護師

456 食ㄕˊ物ㄨˋ
shíwù

名 食べ物

我一個星期上班六天。 Wǒ yí ge xīngqí shàngbān liù tiān.	私は1週間に6日間出勤します。
明天我想請假一天。 Míngtiān wǒ xiǎng qǐngjià yì tiān.	明日私は1日休みを取りたいです。
董事長現在不在辦公室。 Dǒngshìzhǎng xiànzài bú zài bàngōngshì.	社長は今、オフィスにいません。
阿輝伯是我的同事。 Ā Huī bó shì wǒ de tóngshì.	阿輝おじさんは私の同僚です。
這附近有很多工廠。 Zhè fùjìn yǒu hěn duō gōngchǎng.	この付近にはたくさんの工場があります。
這家工廠有兩千個工人。 Zhè jiā gōngchǎng yǒu liǎngqiān ge gōngrén.	この工場には 2,000 人の労働者がいます。
這位公車司機很熱心。 Zhè wèi gōngchē sījī hěn rèxīn.	こちらのバスの運転手さんは親切です。
我想當護士。 Wǒ xiǎng dāng hùshì.	私は看護師になりたいです。
不要浪費食物。 Búyào làngfèi shíwù.	食べ物を無駄にしてはいけません。

457 包ㄅㄠ子˙ㄗ

bāozi

名 中華まん、包子

458 餃ㄐㄧㄠˇ子˙ㄗ

jiǎozi

★饺子

名 餃子

459 麵ㄇㄧㄢˋ

miàn

★面

名 麺

460 湯ㄊㄤ

tāng

★汤

名 スープ

461 蛋ㄉㄢˋ

dàn

名 卵

462 麵ㄇㄧㄢˋ包ㄅㄠ

miànbāo

★面包

名 パン

463 巧ㄑㄧㄠˇ克ㄎㄜˋ力ㄌㄧˋ

qiǎokèlì

名 チョコレート

464 蛋ㄉㄢˋ糕ㄍㄠ

dàngāo

名 ケーキ

465 水ㄕㄨㄟˇ果ㄍㄨㄛˇ

shuǐguǒ

名 果物

這家的包子很棒。
Zhè jiā de bāozi hěn bàng.

ここの包子はすばらしいです。

這裡的餃子很好吃。
Zhèlǐ de jiǎozi hěn hǎochī.

ここの餃子はおいしいです。

你喜歡吃飯還是吃麵？
Nǐ xǐhuān chī fàn háishì chī miàn?

あなたはご飯が好きですか、それとも麵が好きですか？

雞湯對身體很好。
Jītāng duì shēntǐ hěn hǎo.

鶏のスープは体にいいです。

姊姊愛吃皮蛋豆腐。
Jiějie ài chī pídàn dòufǔ.

姉はピータン豆腐が好きです。

你吃過台灣的蔥麵包嗎？
Nǐ chīguò Táiwān de cōngmiànbāo ma?

あなたは台湾の葱パンを食べたことがありますか？

這個巧克力是在屏東做的。
Zhège qiǎokèlì shì zài Píngdōng zuò de.

このチョコレートは屏東で作られたものです。

巧克力蛋糕是我的最愛。
Qiǎokèlì dàngāo shì wǒ de zuì'ài.

チョコレートケーキは私の大好物です。

蕃茄是水果還是蔬菜？
Fānqié shì shuǐguǒ háishì shūcài?

トマトは果物ですか、それとも野菜ですか？

食事

466 香ㄒㄧㄤ蕉ㄐㄧㄠ
xiāngjiāo
名 バナナ

467 飲ㄧㄣˇ料ㄌㄧㄠˋ
yǐnliào
名 飲み物
★饮料

468 牛ㄋㄧㄡˊ奶ㄋㄞˇ
niúnǎi
名 牛乳

469 果ㄍㄨㄛˇ汁ㄓ
guǒzhī
名 フルーツジュース

470 餓ㄜˋ
è
形 お腹が空いている
★饿

471 渴ㄎㄜˇ
kě
形 のどが渇いている

472 甜ㄊㄧㄢˊ
tián
形 甘い

473 菜ㄘㄞˋ單ㄉㄢ
càidān
名 メニュー
★菜单

474 碗ㄨㄢˇ
wǎn
名 おわん、ちゃわん、湯飲み

台灣香蕉很好吃。 Táiwān xiāngjiāo hěn hǎochī.	台湾バナナはおいしいです。
這個飲料叫菊花茶。 Zhège yǐnliào jiào júhuāchá.	この飲み物は菊花茶といいます。
草莓牛奶很好喝。 Cǎoméi niúnǎi hěn hǎohē.	いちごミルクはおいしいです。
早上我喜歡自己打果汁喝。 Zǎoshàng wǒ xǐhuān zìjǐ dǎ guǒzhī hē.	私は朝に自分でフルーツジュースを作って飲むのが好きです。
我餓了，想吃泡麵。 Wǒ è le, xiǎng chī pàomiàn.	私はお腹が空いたので、インスタントラーメンを食べたいです。
你口渴了嗎？ Nǐ kǒukě le ma?	のどが渇きましたか？
荔枝很甜。 Lìzhī hěn tián.	ライチは甘いです。
老闆，有沒有菜單？ Lǎobǎn, yǒuméiyǒu càidān?	すみません、メニューはありますか？
這個碗是木頭做的。 Zhège wǎn shì mùtou zuò de.	このおわんは木で作ったものです。

475 盤ㄆㄢˊ子ㄗ˙
pánzi
★盘子
名 皿

476 杯ㄅㄟ子ㄗ˙
bēizi
名 コップ、カップ

477 老ㄌㄠˇ闆ㄅㄢˇ／老ㄌㄠˇ板ㄅㄢˇ
lǎobǎn
★老板
名 店主、経営者
店内で店主に声をかけるときにも使う。

478 電ㄉㄧㄢˋ影ㄧㄥˇ院ㄩㄢˋ
diànyǐngyuàn
★电影院
名 映画館
関連 ▸▸ **電影**（261）

479 表ㄅㄧㄠˇ演ㄧㄢˇ
biǎoyǎn
名 演技、パフォーマンス

480 足ㄗㄨˊ球ㄑㄧㄡˊ
zúqiú
名 サッカー

481 籃ㄌㄢˊ球ㄑㄧㄡˊ
lánqiú
★篮球
名 バスケットボール

482 網ㄨㄤˇ球ㄑㄧㄡˊ
wǎngqiú
★网球
名 テニス

483 棒ㄅㄤˋ球ㄑㄧㄡˊ
bàngqiú
名 野球

你洗盤子了嗎？

Nǐ xǐ pánzi le ma?

お皿を洗いましたか？

這是中國茶的杯子。

Zhè shì Zhōngguóchá de bēizi.

これは中国茶のカップです。

老闆，我要兩碗大腸麵線。

Lǎobǎn, wǒ yào liǎng wǎn dàcháng miànxiàn.

すみません、モツ麺線を2つください。

你去過台北之家電影院嗎？

Nǐ qùguò Táiběizhījiā diànyǐngyuàn ma?

台北之家の映画館に行ったことがありますか？

我今天有表演課。

Wǒ jīntiān yǒu biǎoyǎnkè.

私は今日演技の授業があります。

他很愛看世界盃足球賽。

Tā hěn ài kàn shìjièbēi zúqiúsài.

彼はサッカーのワールドカップの試合を見るのが大好きです。

他是大學籃球明星。

Tā shì dàxué lánqiú míngxīng.

彼は大学バスケットボールのスターです。

她網球打得很好。

Tā wǎngqiú dǎde hěn hǎo.

彼女はテニスが上手です。

他以後想打職業棒球比賽。

Tā yǐhòu xiǎng dǎ zhíyè bàngqiú bǐsài.

彼は今後プロ野球の試合に出たいです。

484 **比**ㄅㄧˇ**賽**ㄙㄞˋ
bǐsài
★比赛

名 試合、競技
動 試合する、競争する

485 **輸**ㄕㄨ
shū
★输

動 負ける、輸送する、入力する
⟷ **贏**

486 **贏**ㄧㄥˊ
yíng
★赢

動 勝つ
⟷ **輸**

487 **上**ㄕㄤˋ**網**ㄨㄤˇ
shàngwǎng
★上网

動[離] インターネットを使う

488 **旅**ㄌㄩˇ**行**ㄒㄧㄥˊ
lǚxíng

動 旅行する
関連 ▸▸ **旅遊**（903）

489 **參**ㄘㄢ**觀**ㄍㄨㄢ
cānguān
★参观

動 見学する、参観する

490 **照**ㄓㄠˋ**相**ㄒㄧㄤˋ**機**ㄐㄧ
zhàoxiàngjī
★照相机

名 カメラ

491 **照**ㄓㄠˋ**相**ㄒㄧㄤˋ
zhàoxiàng

動[離] 写真を撮る

492 **圖**ㄊㄨˊ**片**ㄆㄧㄢˋ
túpiàn
★图片

名 図、絵、写真

早點睡，明天有比賽。 Zǎo diǎn shuì, míngtiān yǒu bǐsài.	早く寝なさい、明日は試合なんだから。
愛情裡沒有輸贏。 Àiqínglǐ méiyǒu shū yíng.	愛に勝ち負けはありません。
中華隊贏了嗎？ Zhōnghuáduì yíng le ma?	台湾の代表チームは勝ちましたか？
這個速食店提供上網服務。 Zhège sùshídiàn tígōng shàngwǎng fúwù.	このファストフード店はインターネットサービスを提供しています。
這個夏天我要去澎湖旅行。 Zhège xiàtiān wǒ yào qù Pénghú lǚxíng.	この夏私は澎湖に旅行に行きます。
明天我們去宜蘭參觀威士忌工廠。 Míngtiān wǒmen qù Yílán cānguān wēishìjì gōngchǎng.	明日私たちは宜蘭に行ってウィスキー工場を見学します。
這台照相機是新買的。 Zhè tái zhàoxiàngjī shì xīn mǎi de.	このカメラは新しく買ったものです。
可以幫我們照相嗎？ Kěyǐ bāng wǒmen zhàoxiàng ma?	私たちを写真に撮ってくれませんか？
小貓的圖片很可愛。 Xiǎomāo de túpiàn hěn kě'ài.	子猫の写真はかわいいです。

493 **畫ㄏㄨㄚˋ（兒ㄦ）**
huà(r)
★画（儿）

名 絵
関連 ▸▸ 畫 動 (262)

494 **腳ㄐㄧㄠˇ踏ㄊㄚˋ車ㄔㄜ**
jiǎotàchē
★脚踏车＜自行车

名 自転車

495 **自ㄗˋ行ㄒㄧㄥˊ車ㄔㄜ**
zìxíngchē
★自行车

名 自転車

496 **計ㄐㄧˋ程ㄔㄥˊ車ㄔㄜ**
jìchéngchē
★计程车＜出租车 chūzūchē

名 タクシー

497 **火ㄏㄨㄛˇ車ㄔㄜ**
huǒchē
★火车

名 汽車

498 **車ㄔㄜ站ㄓㄢˋ**
chēzhàn
★车站

名 駅、停留所

499 **飛ㄈㄟ機ㄐㄧ**
fēijī
★飞机

名 飛行機

500 **機ㄐㄧ場ㄔㄤˇ**
jīchǎng
★机场

名 空港

501 **馬ㄇㄚˇ路ㄌㄨˋ**
mǎlù
★马路

名 道路

故宮博物院有很多名畫。 Gùgōng Bówùyuàn yǒu hěn duō mínghuà.	故宮博物院には多くの名画があります。
我騎腳踏車上學。 Wǒ qí jiǎotàchē shàngxué.	私は自転車で通学します。
台灣的自行車很有名。 Táiwān de zìxíngchē hěn yǒumíng.	台湾の自転車は有名です。
從這裡坐計程車去。 Cóng zhèlǐ zuò jìchéngchē qù.	ここからタクシーに乗って行きます。
你可以坐火車到新竹吃米粉。 Nǐ kěyǐ zuò huǒchē dào Xīnzhú chī mǐfěn.	汽車で新竹に行って米粉（ビーフン）を食べてもいいですよ。
車站附近有什麼好吃的餐廳？ Chēzhàn fùjìn yǒu shénme hǎochī de cāntīng?	駅の近くには何かおいしいレストランがありますか？
從台北坐飛機到台東很方便。 Cóng Táiběi zuò fēijī dào Táidōng hěn fāngbiàn.	台北から飛行機で台東に行くのは便利です。
這是去機場的巴士嗎？ Zhè shì qù jīchǎng de bāshì ma?	これは空港に行くバスですか？
過馬路要注意來車。 Guò mǎlù yào zhùyì lái chē.	道路を渡るときは車が来るのに注意しなければなりません。

502 **十**ㄕˊ**字**ㄗˋ**路**ㄌㄨˋ**口**ㄎㄡˇ

shízìlùkǒu

名 交差点、十字路

503 **小**ㄒㄧㄠˇ**心**ㄒㄧㄣ

xiǎoxīn

形 注意深い、慎重である

504 **風**ㄈㄥ**景**ㄐㄧㄥˇ

fēngjǐng

★风景

名 風景、景色

505 **太**ㄊㄞˋ**陽**ㄧㄤˊ

tàiyáng

★太阳

名 太陽

506 **湖**ㄏㄨˊ

hú

名 湖

507 **下**ㄒㄧㄚˋ**雨**ㄩˇ

xiàyǔ

動[離] 雨が降る

508 **下**ㄒㄧㄚˋ**雪**ㄒㄩㄝˇ

xiàxuě

動[離] 雪が降る

509 **馬**ㄇㄚˇ

mǎ

★马

名 馬

510 **鳥**ㄋㄧㄠˇ

niǎo

★鸟

名 鳥

開車經過十字路口要小心。
Kāichē jīngguò shízìlùkǒu yào xiǎoxīn.
車で交差点を通るときは気を付けなければなりません。

路上小心。
Lùshàng xiǎoxīn.
道中お気をつけて。

台灣最美的風景是人。
Táiwān zuì měi de fēngjǐng shì rén.
台湾で一番美しい風景は人です。

今天太陽很大。
Jīntiān tàiyáng hěn dà.
今日は太陽が大きいです。

澄清湖在高雄。
Chéngqīnghú zài Gāoxióng.
澄清湖は高雄にあります。

下雨了。
Xiàyǔ le.
雨が降ってきました。

今年還沒開始下雪。
Jīnnián hái méi kāishǐ xiàxuě.
今年はまだ雪が降り始めていません。

那裡有賽馬場。
Nàlǐ yǒu sàimǎchǎng.
あそこに競馬場があります。

這隻鳥會算命。
Zhè zhī niǎo huì suànmìng.
この鳥は占いができます。

511 貓 ㄇㄠ
māo
★猫

名 猫

512 雞 ㄐㄧ
jī
★鸡

名 鶏

0 100 200 300 400 500 600 700 800 900 1000

他ㄊㄚ養ㄧㄤˇ了˙ㄌㄜ一ㄧˋ隻ㄓ流ㄌㄧㄡˊ浪ㄌㄤˋ貓ㄇㄠ。

Tā yǎngle yì zhī liúlàngmāo.

彼は1匹の野良猫を飼いました。

雞ㄐㄧ生ㄕㄥ蛋ㄉㄢˋ，還ㄏㄞˊ是ㄕˋ蛋ㄉㄢˋ生ㄕㄥ雞ㄐㄧ？

Jī shēng dàn, háishì dàn shēng jī?

鶏が先か、卵が先か？

台湾のローカルフード

台湾にはさまざまなローカルフードがあります。代表的なものをピックアップしてみたので、自分で注文できるように練習してみましょう！

滷(ㄌㄨˇ)肉(ㄖㄡˋ)飯(ㄈㄢˋ) lǔròufàn

台湾の代表的などんぶりご飯。豚肉を醤油、砂糖、米酒などと煮込み、ご飯にかけたもの。「魯肉飯」とも書きます。

小(ㄒㄧㄠˇ)籠(ㄌㄨㄥˊ)包(ㄅㄠ) xiǎolóngbāo

日本人に人気の定番グルメといったらまずこれが浮かぶのではないでしょうか。熱々でジューシーな肉汁がたまりませんね。

飯(ㄈㄢˋ)糰(ㄊㄨㄢˊ) fàntuán

台湾版「おにぎり」。朝ごはんの定番メニューの１つです。もち米を使い、切り干し大根や肉デンブなどたっぷりの具が入っているのが特徴。

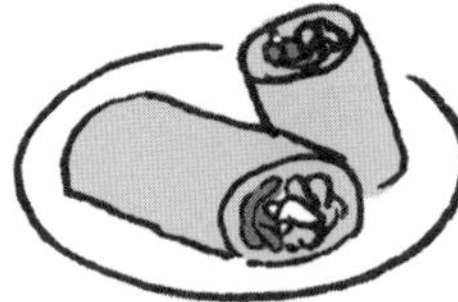

潤(ㄖㄨㄣˋ)餅(ㄅㄧㄥˇ) rùnbǐng

ニラやもやし、ニンジン、そぼろ肉などたっぷりの具材を、薄いクレープ状の生地で包んだもの。

牛(ㄋㄧㄡˊ)肉(ㄖㄡˋ)麵(ㄇㄧㄢˋ) niúròumiàn

牛骨スープと小麦粉麺に煮込んだ牛肉が乗っています。家庭でもよく作られており、「台湾のソウルフード」といっても過言ではありません。

臭ㄔㄡˋ豆ㄉㄡˋ腐ㄈㄨˇ　chòudòufǔ

豆腐を発酵液につけた加工食品。独特なにおいがあり、好き嫌いが大きく分かれる食べ物。屋台でもよく売っているので１度試してみては？

胡ㄏㄨˊ椒ㄐㄧㄠ餅ㄅㄧㄥˇ　hújiāobǐng

小麦粉を使った生地の中に、胡椒がきいた肉あんを包んで焼いたもの。定番Ｂ級グルメで、屋台や店で気軽に食べられます。

雞ㄐㄧ排ㄆㄞˊ　jīpái

大ぶりの鶏肉を揚げた台湾のからあげ。こちらも定番のＢ級グルメで、スパイシーな香りとサクサクの衣がクセになります。

蔥ㄘㄨㄥ抓ㄓㄨㄚ餅ㄅㄧㄥˇ　cōngzhuābǐng

小麦粉の生地にねぎを練り込んで薄く焼き上げた台湾のおやつ。パイ生地のようにサクサクした食感が人気です。

虱ㄕ目ㄇㄨˋ魚ㄩˊ粥ㄓㄡ　shīmùyúzhōu

虱目魚（サバヒー）は台南名物の白身魚。コク深い味わいがたまりません。

これ以外にも、まだまだたくさん美味しい食べ物があります。雑誌やネットでもよく取り上げられているので、気になるものがあったら調べてみてもよいかもしれませんね！

\ column /

おいしい果物を堪能しよう

台湾ではいろいろな果物が楽しめます。街で新鮮な果物に出会ったら、買って食べてみるのもすてきな旅の冒険かもしれません。

芒果（マンゴー）／荔枝（ライチ）
鳳梨（パイナップル）
釋迦（釈迦頭、バンレイシ）
蓮霧（レンブ）／芭樂（グアバ）
木瓜（パパイヤ）／龍眼（リュウガン）
百香果（パッションフルーツ）
楊桃（スターフルーツ）
棗子（ナツメ）／甘蔗（サトウキビ）
香蕉（バナナ）／文旦（ブンタン）
火龍果（ドラゴンフルーツ）
香瓜（メロン）／椰子（ココナッツ）
柳丁（オレンジ）／李子（スモモ）
小蕃茄（プチトマト）

リストの最後にあるプチトマトは、日本人には違和感があるもしれませんが、台湾では基本的に果物として扱われ、お腹が少し空いたとき、おやつ代わりに食べます。

夜市などで果物を買うと梅子粉（酸梅粉、梅パウダー）がついてきます。これは粉末にした梅とサンザシ、砂糖と塩を混ぜたもので、グアバ、レンブ、プチトマトなど、さっぱりした果物と一緒に食べます。

ジュースにして飲むのも、台湾の果物を楽しむよい方法です。木瓜牛奶（パパイヤミルク）、西瓜牛奶（スイカミルク）、椰子汁（椰子の実ジュース）などです。青空の下の市場で柳丁汁（オレンジジュース）を飲むと、なんとも言えない解放感があります。また漢方が配合された「医食同源」のジュースとして、台湾人が日常的に飲む楊桃汁や酸梅汁にチャレンジするのも、旅のよい思い出になるかもしれません。

さらに、いろいろな果物の入った雪花冰（かき氷）や果物の入ったアイスキャンディー、果物のスムージーは暑い季節の風物詩です。

最後に、中国茶のお茶請けとして楽しまれる蜜餞（ドライフルーツの砂糖漬け）も、きっとよいお土産になるでしょう。

Step 3

日常会話に頻出の基礎単語491語です。慣れてきたら、勇気を出してどんどんアウトプットしてみましょう！

レベル｜TOCFL 基礎級

513 這ㄓㄜˋ些ㄒㄧㄝ
zhèxiē
★这些
代 これらの、それらの

514 那ㄋㄚˋ些ㄒㄧㄝ
nàxiē
代 それらの、あれらの

515 這ㄓㄜˋ麼˙ㄇㄜ
zhème
★这么
副 こんなに、このように、こういうふうに

516 那ㄋㄚˋ麼˙ㄇㄜ
nàme
★那么
副 そんなに、あんなに、そんなふうに、あんなふうに
接 それでは、〜ならば

517 沒ㄇㄟˊ有ㄧㄡˇ
méiyǒu
★没有
副 〜していない、〜でない

518 怎ㄗㄣˇ麼˙ㄇㄜ了˙ㄌㄜ
zěnme le
★怎么了
フ どうしたのか

519 怎ㄗㄣˇ麼˙ㄇㄜ辦ㄅㄢˋ
zěnme bàn
★怎么办
フ どうしよう

520 不ㄅㄨˋ好ㄏㄠˇ意ㄧˋ思˙ㄙ
bùhǎoyìsi
フ 申し訳ない、きまりが悪い、恥ずかしい

521 為ㄨㄟˋ了˙ㄌㄜ
wèile
★为了
前 〜のために

這些是什麼資料？ Zhèxiē shì shénme zīliào?	これらは何の資料ですか？
那些都是我的書。 Nàxiē dōu shì wǒ de shū.	あれらはすべて私の本です。
胡椒餅怎麼這麼好吃。 Hújiāobǐng zěnme zhème hǎochī.	胡椒餅はどうしてこんなにおいしいんだ。
那麼，接下來請校長給大家說句話。 Nàme, jiēxiàlái qǐng xiàozhǎng gěi dàjiā shuō jù huà.	それでは続いて校長先生からみなさんにお話をしていただきます。
他沒有去過高美濕地。 Tā méiyǒu qùguò Gāoměi shīdì.	彼は高美湿地に行ったことがありません。
你怎麼了？ Nǐ zěnme le?	どうしましたか？
這件事我該怎麼辦呢？ Zhè jiàn shì wǒ gāi zěnme bàn ne?	この件を私はどうするべきなのでしょうか？
不好意思，我剛好有事不能參加。 Bùhǎoyìsi, wǒ gānghǎo yǒu shì bùnéng cānjiā.	すみません、ちょうど用事があって参加できません。
父母為了小孩努力工作。 Fùmǔ wèile xiǎohái nǔlì gōngzuò.	両親は子供のために一生懸命仕事をします。

人の呼び方・家族や友人

522 □□□ 自ㄗˋ己ㄐㄧˇ
zìjǐ

代 自分、～自身、自己

523 □□□ 別ㄅㄧㄝˊ人ㄖㄣˊ
biérén

★别人 biérén/biéren

名 他の人、他人

524 □□□ 男ㄋㄢˊ人ㄖㄣˊ
nánrén

名 男の人、男性
関連 ▶▶ **男** (036)

525 □□□ 女ㄋㄩˇ人ㄖㄣˊ
nǚrén

名 女の人、女性
関連 ▶▶ **女** (037)

526 □□□ 大ㄉㄚˋ人ㄖㄣˊ
dàrén

名 大人

527 □□□ 老ㄌㄠˇ人ㄖㄣˊ
lǎorén

名 老人

528 □□□ 父ㄈㄨˋ親ㄑㄧㄣ
fùqīn

★父亲

名 父親
関連 ▶▶ **爸爸** (043)

529 □□□ 母ㄇㄨˇ親ㄑㄧㄣ
mǔqīn

★母亲

名 母親
関連 ▶▶ **媽媽** (044)

530 □□□ 父ㄈㄨˋ母ㄇㄨˇ
fùmǔ

名 父母、両親

先把自己的工作做好。
Xiān bǎ zìjǐ de gōngzuò zuòhǎo.
まず自分の仕事をきちんとやってください。

不要管別人怎麼想。
Búyào guǎn biérén zěnme xiǎng.
他の人がどう考えるか気にしないで。

男人在一起喜歡說當兵的事。
Nánrén zài yìqǐ xǐhuān shuō dāngbīng de shì.
男性が一緒にいると、よく兵役の話をします。

女人在一起都很熱鬧。
Nǚrén zài yìqǐ dōu hěn rènào.
女性が一緒にいるといつもにぎやかです。

大人有時候也像小孩子一樣。
Dàrén yǒushíhòu yě xiàng xiǎoháizi yíyàng.
大人は子供と同じようなときもあります。

老人們常常談健康話題。
Lǎorénmen chángcháng tán jiànkāng huàtí.
老人たちはよく健康について話します。

我的父親會彈吉他。
Wǒ de fùqīn huì tán jítā.
私の父はギターを弾くことができます。

我母親每個星期五打掃廚房。
Wǒ mǔqīn měi ge xīngqíwǔ dǎsǎo chúfáng.
私の母は毎週金曜日に台所を掃除します。

你父母都在大阪生活嗎？
Nǐ fùmǔ dōu zài Dàbǎn shēnghuó ma?
あなたの両親はいずれも大阪で生活していますか？

531 爺爺 yéye ★爷爷 — 名（父方の）祖父、おじいさん

532 奶奶 nǎinai — 名（父方の）祖母、おばあさん

533 家庭 jiātíng — 名 家庭

534 關係 guānxì ★关系 — 名 関係

535 年紀 niánjì ★年纪 — 名 年、年齢

536 位 wèi — 量 ～名

537 口 kǒu — 量（口のある器物を数える）

538 班 bān — 量（交通機関の発着回数や運航便を数える）、（人やグループなどを数える）

539 隻 zhī ★只 — 量 ～匹（動物の数を数える）

徐爺爺每個星期三去學國畫。

Xú yéye měi ge xīngqísān qù xué guóhuà.

徐おじいさんは毎週水曜日に中国画を習いに行きます。

劉奶奶早上到公園打太極拳。

Liú nǎinai zǎoshàng dào gōngyuán dǎ tàijíquán.

劉おばあさんは朝、公園に行って太極拳をします。

現代家庭的人口不那麼多。

Xiàndài jiātíng de rénkǒu bú nàme duō.

現代の家族の人数はそれほど多くありません。

他們一家人關係很好。

Tāmen yìjiārén guānxì hěn hǎo.

彼ら家族はとても仲がいいです。

他有了一點年紀。

Tā yǒule yìdiǎn niánjì.

彼は少し年を取っています。

今天有幾位客人？

Jīntiān yǒu jǐ wèi kèrén?

今日は何人のお客さんがいましたか？

那是一口井。

Nà shì yì kǒu jǐng.

あれは井戸です。

因為颱風的關係，這班飛機停飛了。

Yīnwèi táifēng de guānxì, zhè bān fēijī tíngfēi le.

台風のため、この飛行機は欠航になりました。

這隻狗是電影明星。

Zhè zhī gǒu shì diànyǐng míngxīng.

この犬は映画スターです。

540 □□□ **條** ㄊㄧㄠˊ
tiáo
★条

量 ～本、～筋、～匹（細長い物を数える）

---

541 □□□ **包** ㄅㄠ
bāo

量 ～袋、～つ
（包んだものや袋に入ったものを数える）

---

542 □□□ **間** ㄐㄧㄢ
jiān
★间

量 ～間、～室（部屋の数を数える）

---

543 □□□ **枝** ㄓ
zhī

量 ～本（細長い物を数える）

---

544 □□□ **種** ㄓㄨㄥˇ
zhǒng
★种

量 ～種類

---

545 □□□ **遍** ㄅㄧㄢˋ
biàn

量 ～回、～遍
（動作のはじめから終わりまでの全体の
過程を数える）

---

546 □□□ **度** ㄉㄨˋ
dù

量 ～度（温度を数える）、
～回、～度（回数を数える）

---

547 □□□ **公** ㄍㄨㄥ **里** ㄌㄧˇ
gōnglǐ

量 ～ km

---

548 □□□ **日** ㄖˋ **期** ㄑㄧˊ
rìqí
★ rìqī

名 日付、期日

這條魚要用蒸的還是炸的？ Zhè tiáo yú yào yòng zhēng de háishì zhá de?	この魚は蒸して食べますか、それとも揚げて食べますか？
給我一包科學麵。 Gěi wǒ yì bāo kēxuémiàn.	科学麵を１袋ください。 ※科学麵：台湾で有名なインスタントラーメンで、スナック菓子として食べられることが多い
這一間是美容院不是花店。 Zhè yì jiān shì měiróngyuàn búshì huādiàn.	この部屋は美容院で、花屋ではありません。
你有幾枝毛筆？ Nǐ yǒu jǐ zhī máobǐ?	あなたは何本筆を持っていますか？
這家火鍋店有很多種醬料。 Zhè jiā huǒguōdiàn yǒu hěn duō zhǒng jiàngliào.	この火鍋店はたくさんの種類のたれがあります。
讓我們再複習一遍第五課。 Ràng wǒmen zài fùxí yí biàn dì wǔ kè.	私たちにもう一度第５課を復習させてください。
我兒子昨天晚上發燒到 39 度。 Wǒ érzi zuótiān wǎngshàng fāshāodào sānshíjiǔ dù.	私の息子は昨日の夜 39 度まで熱が上がりました。
台北到高雄大約三百五十公里。 Táiběi dào Gāoxióng dàyuē sānbǎi wǔshí gōnglǐ.	台北から高雄まで約 350km です。
這個日期是正確的嗎？ Zhège rìqí shì zhèngquè de ma?	この日付は正確ですか？

549 春 ㄔㄨㄣ chūn
名 春
関連▶▶ 春天 (343)

550 夏 ㄒㄧㄚˋ xià
名 夏
関連▶▶ 夏天 (344)

551 秋 ㄑㄧㄡ qiū
名 秋
関連▶▶ 秋天 (345)

552 冬 ㄉㄨㄥ dōng
名 冬
関連▶▶ 冬天 (346)

553 前ㄑㄧㄢˊ天ㄊㄧㄢ qiántiān
名 一昨日

554 後ㄏㄡˋ天ㄊㄧㄢ hòutiān
★后天
名 明後日

555 禮ㄌㄧˇ拜ㄅㄞˋ lǐbài
★礼拜
名 週間、週、曜日
関連▶▶ 星期 (085)

556 禮ㄌㄧˇ拜ㄅㄞˋ天ㄊㄧㄢ lǐbàitiān
★礼拜天
名 日曜日
関連▶▶ 星期天 (086)、星期日 (087)

557 時ㄕˊ間ㄐㄧㄢ shíjiān
★时间
名 時間

春(ㄔㄨㄣ)節(ㄐㄧㄝˊ)是(ㄕˋ)一(ㄧˊ)大(ㄉㄚˋ)重(ㄓㄨㄥˋ)要(ㄧㄠˋ)節(ㄐㄧㄝˊ)日(ㄖˋ)。 Chūnjié shì yí dà zhòngyào jiérì.	春節はとても重要な祝日です。
北(ㄅㄟˇ)海(ㄏㄞˇ)道(ㄉㄠˋ)的(˙ㄉㄜ)夏(ㄒㄧㄚˋ)天(ㄊㄧㄢ)很(ㄏㄣˇ)涼(ㄌㄧㄤˊ)快(ㄎㄨㄞˋ)。 Běihǎidào de xiàtiān hěn liángkuài.	北海道の夏は涼しいです。
今(ㄐㄧㄣ)年(ㄋㄧㄢˊ)中(ㄓㄨㄥ)秋(ㄑㄧㄡ)節(ㄐㄧㄝˊ)要(ㄧㄠˋ)烤(ㄎㄠˇ)肉(ㄖㄡˋ)嗎(˙ㄇㄚ)？ Jīnnián Zhōngqiūjié yào kǎoròu ma?	今年の中秋節はバーベキューをしますか？
他(ㄊㄚ)就(ㄐㄧㄡˋ)像(ㄒㄧㄤˋ)是(ㄕˋ)冬(ㄉㄨㄥ)天(ㄊㄧㄢ)的(˙ㄉㄜ)太(ㄊㄞˋ)陽(ㄧㄤˊ)。 Tā jiù xiàng shì dōngtiān de tàiyáng.	彼はまるで冬の太陽のようです。
前(ㄑㄧㄢˊ)天(ㄊㄧㄢ)我(ㄨㄛˇ)去(ㄑㄩˋ)美(ㄇㄟˇ)術(ㄕㄨˋ)館(ㄍㄨㄢˇ)參(ㄘㄢ)觀(ㄍㄨㄢ)。 Qiántiān wǒ qù měishùguǎn cānguān.	一昨日、私は美術館に行って見学をしました。
後(ㄏㄡˋ)天(ㄊㄧㄢ)他(ㄊㄚ)就(ㄐㄧㄡˋ)要(ㄧㄠˋ)回(ㄏㄨㄟˊ)國(ㄍㄨㄛˊ)了(˙ㄌㄜ)。 Hòutiān tā jiùyào huíguó le.	明後日、彼は帰国します。
一(ㄧˊ)個(˙ㄍㄜ)禮(ㄌㄧˇ)拜(ㄅㄞˋ)有(ㄧㄡˇ)七(ㄑㄧ)天(ㄊㄧㄢ)。 Yí ge lǐbài yǒu qī tiān.	１週間は７日間あります。
這(ㄓㄜˋ)個(˙ㄍㄜ)禮(ㄌㄧˇ)拜(ㄅㄞˋ)天(ㄊㄧㄢ)我(ㄨㄛˇ)要(ㄧㄠˋ)出(ㄔㄨ)差(ㄔㄞ)。 Zhège lǐbàitiān wǒ yào chūchāi.	今週日曜日に私は出張に行かなければなりません。
你(ㄋㄧˇ)現(ㄒㄧㄢˋ)在(ㄗㄞˋ)有(ㄧㄡˇ)時(ㄕˊ)間(ㄐㄧㄢ)嗎(˙ㄇㄚ)？ Nǐ xiànzài yǒu shíjiān ma?	今、時間がありますか？

日にちや時間

558 **晚**ㄨㄢˇ
wǎn

名 夕方、夜間、夜

---

559 **夜**ㄧㄝˋ
yè

名 夜

---

560 **鐘**ㄓㄨㄥ**頭**ㄊㄡˊ
zhōngtóu
★钟头

名 ～時間
関連 ▶▶ **小時**（347）

---

561 **從**ㄘㄨㄥˊ**前**ㄑㄧㄢˊ
cóngqián
★从前

名 以前、これまで

---

562 **一**ㄧˋ**會**ㄏㄨㄟˇ（**兒**ㄦ˙）
yìhuǐ(r)
★一会儿

名 すぐ、ほんのしばらく

---

563 **不**ㄅㄨˋ**久**ㄐㄧㄡˇ
bùjiǔ

名 間もないとき

---

564 **後**ㄏㄡˋ**來**ㄌㄞˊ
hòulái
★后来

名 それから、後になって

---

565 **最**ㄗㄨㄟˋ**近**ㄐㄧㄣˋ
zuìjìn

名 最近、このごろ

---

566 **最**ㄗㄨㄟˋ**後**ㄏㄡˋ
zuìhòu
★最后

名 最後、物事や順番の一番あと

今晚你有什麼計畫？ Jīnwǎn nǐ yǒu shénme jìhuà?	今晩何か予定がありますか？
今夜的月亮很圓。 Jīnyè de yuèliàng hěn yuán.	今夜の月はまるいです。
看這部電影要兩個鐘頭。 Kàn zhè bù diànyǐng yào liǎng ge zhōngtóu.	この映画を見るには2時間かかります。
從前這裡是水田。 Cóngqián zhèlǐ shì shuǐtián.	以前、ここは水田でした。
俊傑一會就來。 Jùnjié yìhuǐ jiù lái.	俊傑はすぐ来ます。
詩涵才剛來不久。 Shīhán cái gāng lái bùjiǔ .	詩涵はさっき来たばかりです。
後來她怎麼了？ Hòulái tā zěnme le?	その後、彼女はどうしましたか？
你最近過得好嗎？ Nǐ zuìjìn guòde hǎo ma?	最近、元気にお過ごしですか？
最後一天我們要去故宮博物院。 Zuìhòu yì tiān wǒmen yào qù Gùgōng Bówùyuàn.	最後の1日に私たちは故宮博物院に行きます。

567 邊ㄅㄧㄢ（兒ㄦ）
bīan(r)
★边（儿）

名（～の）そば、周辺、～側

568 這ㄓㄜˋ邊ㄅㄧㄢ
zhèbiān
★这边

名 ここ、こちら、そこ、そちら

569 那ㄋㄚˋ邊ㄅㄧㄢ
nàbiān
★那边

名 そこ、そちら、あそこ、あちら

570 左ㄗㄨㄛˇ
zuǒ

名 左
⟷ 右

571 右ㄧㄡˋ
yòu

名 右
⟷ 左

572 裡ㄌㄧˇ
lǐ
★里

名 中、内
⟷ 外（115）

573 方ㄈㄤ向ㄒㄧㄤˋ
fāngxiàng

名 方角、方向

574 東ㄉㄨㄥ
dōng
★东

名 東

575 東ㄉㄨㄥ部ㄅㄨˋ
dōngbù
★东部

名 東部、東の部分

他們站在門邊說話。

Tāmen zhànzài mén biān shuōhuà.

彼らは門のあたりに立って話をしています。

這邊的人都很好客。

Zhèbiān de rén dōu hěn hàokè.

ここの人はみんな客好きです。

那邊暫停開放。

Nàbiān zhàntíng kāifàng.

あそこはしばらく開放を見合わせています。

請往左轉。

Qǐng wǎng zuǒ zhuǎn.

左に曲がってください。

請向右側通行。

Qǐng xiàng yòucè tōngxíng.

右側をご通行ください。

你口袋裡有什麼？

Nǐ kǒudàilǐ yǒu shénme?

あなたのポケットには何がありますか？

這個方向看不到富士山。

Zhège fāngxiàng kànbudào Fùshìshān.

この方角は富士山が見えません。

你知道孔明借東風的故事嗎？

Nǐ zhīdào Kǒngmíng jiè dōngfēng de gùshì ma?

孔明の「東風を借りる」の物語を知っていますか？

我想開車去台灣東部看朋友。

Wǒ xiǎng kāichē qù Táiwān dōngbù kàn péngyǒu.

私は車を運転して台湾東部に行って友達に会いたいです。

576 東ㄉㄨㄥ邊ㄅㄧㄢ
dōngbiān
★东边
名 東、東側、東の方

577 西ㄒㄧ
xī
名 西

578 西ㄒㄧ部ㄅㄨˋ
xībù
名 西部、西の部分

579 西ㄒㄧ邊ㄅㄧㄢ
xībiān
★西边
名 西、西側、西の方

580 南ㄋㄢˊ
nán
名 南

581 南ㄋㄢˊ部ㄅㄨˋ
nánbù
名 南部、南の部分

582 南ㄋㄢˊ邊ㄅㄧㄢ
nánbiān
★南边
名 南、南側、南の方

583 北ㄅㄟˇ
běi
名 北

584 北ㄅㄟˇ部ㄅㄨˋ
běibù
名 北部、北の部分

太陽從東邊出來。 Tàiyáng cóng dōngbiān chūlái.	太陽は東から出てきます。
這是一種西洋料理。 Zhè shì yì zhǒng xīyáng liàolǐ.	これは一種の西洋料理です。
台灣的西部有平原。 Táiwān de xībù yǒu píngyuán.	台湾の西部には平野があります。
小河流向西邊。 Xiǎohé liúxiàng xībiān.	小川は西に向かって流れています。
他是路痴，分不清東西南北。 Tā shì lùchī, fēnbuqīng dōng xī nán běi.	彼は方向音痴で、東西南北の区別がつきません。
他是南部人。 Tā shì nánbùrén.	彼は南部の人です。
南邊的房間比較溫暖。 Nánbiān de fángjiān bǐjiào wēnnuǎn.	南側の部屋は比較的暖かいです。
這裡可以吃得到北方菜。 Zhèlǐ kěyǐ chīdedào běifāngcài.	ここでは北方料理が食べられます。
北部的天氣比較冷。 Běibù de tiānqì bǐjiào lěng.	北部の気候はわりと寒いです。

585 北ㄅㄟˇ邊ㄅㄧㄢ　名 北、北側、北の方
bĕibiān
★北边

586 向ㄒㄧㄤˋ　前 ～へ、～に、～に向かって（動作の方向や対象を表す）
xiàng

587 地ㄉㄧˋ址ㄓˇ　名 住所
dìzhĭ

588 世ㄕˋ界ㄐㄧㄝˋ　名 世界
shìjiè

589 國ㄍㄨㄛˊ　名 国
guó
★国

590 外ㄨㄞˋ國ㄍㄨㄛˊ　名 外国
wàiguó
★外国

591 市ㄕˋ　名 市
shì

592 鄉ㄒㄧㄤ下ㄒㄧㄚˋ　名 田舎、農村
xiāngxià
★乡下

593 書ㄕㄨ店ㄉㄧㄢˋ　名 書店
shūdiàn
★书店

中国語	日本語
北邊的大樓是音樂廳。 Běibiān de dàlóu shì yīnyuètīng.	北側のビルは音楽ホールです。
向東望去，就是太平洋。 Xiàng dōng wàng qù, jiùshì Tàipíngyáng.	東を見ると、そこは太平洋です。
你忘了寫地址。 Nǐ wàngle xiě dìzhǐ.	住所を書き忘れています。
這個世界真小啊。 Zhège shìjiè zhēn xiǎo a.	世界は本当に小さいですね（世間は本当に狭いですね）。
你是哪國人？ Nǐ shì nǎguórén?	あなたはどちらの国の方ですか？
這裡有很多外國的遊客。 Zhèlǐ yǒu hěn duō wàiguó de yóukè.	ここは多くの外国人観光客がいます。
淑芬什麼時候離開花蓮市？ Shúfēn shénme shíhòu líkāi Huāliánshì?	淑芬はいつ花蓮市を離れますか？
鄉下的土地比較大。 Xiāngxià de tǔdì bǐjiào dà.	田舎の土地はわりと広いです。
台灣有24小時書店。 Táiwān yǒu èrshísì xiǎoshí shūdiàn.	台湾には24時間営業の書店があります。

594 教ㄐㄧㄠˋ堂ㄊㄤˊ
jiàotáng

名 教会、礼拝堂

595 橋ㄑㄧㄠˊ
qiáo

★桥

名 橋

596 臉ㄌㄧㄢˇ
liǎn

★脸

名 顔、顔つき

597 鼻ㄅㄧˊ(子ㄗ˙)
bí(zi)

名 鼻

598 嘴ㄗㄨㄟˇ巴ㄅㄚ˙
zuǐba

★嘴巴

名 口、頬

599 脖ㄅㄛˊ子ㄗ˙
bózi

名 首

600 背ㄅㄟˋ
bèi

名 背中

601 腿ㄊㄨㄟˇ
tuǐ

名（ももから足首までの部分）足

602 腳ㄐㄧㄠˇ
jiǎo

★脚

名（足首からつま先までの部分）足、足全体

他星期天早上都到教堂做禮拜。

Tā xīngqítiān zǎoshàng dōu dào jiàotáng zuò lǐbài.

彼は日曜日の朝にいつも教会に行って礼拝をします。

咱們坐捷運去碧潭看看吊橋。

Zánmen zuò jiéyùn qù Bìtán kànkàn diàoqiáo.

私たちはMRTで碧潭に行ってつり橋を見てみましょう。

你臉上有東西。

Nǐ liǎnshàng yǒu dōngxi.

顔に何かついています。

弟弟的鼻子很高。

Dìdi de bízi hěn gāo.

弟の鼻は高いです。

他張開嘴巴唱了幾句。

Tā zhāngkāi zuǐba chàngle jǐ jù.

彼は口を開いてちょっと歌いました。

肩膀很痠，順便按摩一下脖子。

Jiānbǎng hěn suān, shùnbiàn ànmó yíxià bózi.

肩が凝ったので、ついでにちょっと首をマッサージします。

奶奶輕輕拍孫子的背。

Nǎinai qīngqīng pāi sūnzi de bèi.

おばあさんは孫の背を軽くトントンしました。

俊宏昨天運動過度，今天大腿痠痛。

Jùnhóng zuótiān yùndòng guòdù, jīntiān dàtuǐ suāntòng.

俊宏は昨日運動しすぎて、今日太ももが筋肉痛です。

爺爺的腳很長。

Yéye de jiǎo hěn cháng.

おじいさんの足は長いです。

603 健康 ㄐㄧㄢˋ ㄎㄤ
jiànkāng

名 健康

604 病 ㄅㄧㄥˋ
bìng

名 病気

605 咳嗽 ㄎㄜˊ ㄙㄡˋ
késòu

動 咳をする

606 發燒 ㄈㄚ ㄕㄠ
fāshāo

★发烧

動[離] 熱が出る、熱がある

607 疼 ㄊㄥˊ
téng

形 痛い
関連▶▶ **痛**（378）

608 病人 ㄅㄧㄥˋ ㄖㄣˊ
bìngrén

名 病人

609 救護車 ㄐㄧㄡˋ ㄏㄨˋ ㄔㄜ
jiùhùchē

★救护车

名 救急車

610 救命 ㄐㄧㄡˋ ㄇㄧㄥˋ
jiùmìng

動[離] 命を救う

611 掛號 ㄍㄨㄚˋ ㄏㄠˋ
guàhào

★挂号

動[離] 受付をする

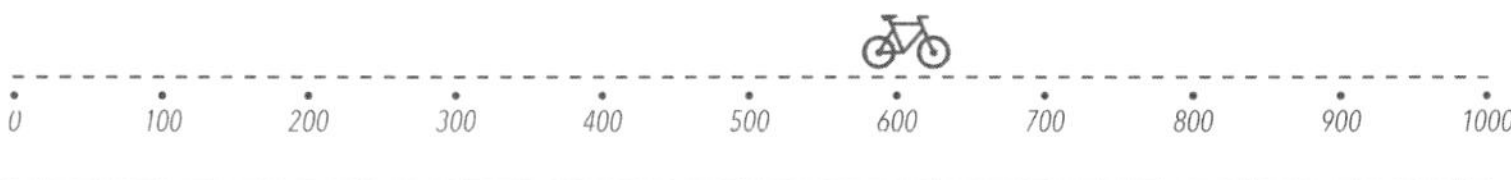

老師很注意身體健康。

Lǎoshī hěn zhùyì shēntǐ jiànkāng.

先生は健康にとても気をつけています。

那種病很少見。

Nà zhǒng bìng hěn shǎo jiàn.

その病気は珍しいです。

他咳嗽了好幾天。

Tā késòule hǎo jǐ tiān.

彼は何日も咳をしています。

我發燒了。

Wǒ fāshāo le.

私は熱が出ました。

春嬌常常頭疼。

Chūnjiāo chángcháng tóu téng.

春嬌はよく頭が痛くなります。

美玲要照顧病人。

Měilíng yào zhàogù bìngrén.

美玲は病人の世話をしなければなりません。

他受傷了，趕快先叫救護車。

Tā shòushāng le, gǎnkuài xiān jiào jiùhùchē.

彼は怪我をしています。まず急いで救急車を呼んでください。

救命！

Jiùmìng!

助けて！

八點開始掛號。

Bā diǎn kāishǐ guàhào.

8時に受付を始めます。

Step 3 体や健康

612 看病 ㄎㄢˋ ㄅㄧㄥˋ
kànbìng

動[離] 診察する、診察を受ける

613 藥房 ㄧㄠˋ ㄈㄤˊ
yàofáng

★药房

名 薬局

614 恢復 ㄏㄨㄟ ㄈㄨˋ
huīfù

★恢复

動 回復する

615 保險 ㄅㄠˇ ㄒㄧㄢˇ
bǎoxiǎn

★保险

名 保険

616 牙刷 ㄧㄚˊ ㄕㄨㄚ
yáshuā

名 歯ブラシ
関連 ▶▶ **刷牙**「歯をみがく」

617 早 ㄗㄠˇ
zǎo

形 早い
⟷ **晚**

618 輕 ㄑㄧㄥ
qīng

★轻

形 軽い
⟷ **重**

619 重 ㄓㄨㄥˋ
zhòng

形 重い
⟷ **輕**

620 舊 ㄐㄧㄡˋ
jiù

★旧

形 古い
⟷ **新**（142）

下午去診所看病。
Xiàwǔ qù zhěnsuǒ kànbìng.
午後診療所に行って診察を受けます。

請到藥房買藥。
Qǐng dào yàofáng mǎi yào.
薬局で薬を買ってください。

志明身體恢復得很好。
Zhìmíng shēntǐ huīfùde hěn hǎo.
志明の体はよく回復しています。

你有健康保險嗎？
Nǐ yǒu jiànkāng bǎoxiǎn ma?
健康保険に入っていますか？

孩子正在學用牙刷刷牙。
Háizi zhèngzài xué yòng yáshuā shuāyá.
子供はちょうど歯ブラシで歯をみがくのを学んでいます。

你來得太早了，店還沒開。
Nǐ láide tài zǎo le, diàn hái méi kāi.
来るのが早すぎます。店はまだ開いていません。

你體重太輕，要多吃一點。
Nǐ tǐzhòng tài qīng, yào duō chī yìdiǎn.
あなたは体重が軽すぎるので、たくさん食べなければいけません。

行李太重了。
Xínglǐ tài zhòng le.
荷物が重すぎます。

舊的東西不一定不好。
Jiù de dōngxi bù yídìng bù hǎo.
古いものが悪いとは限りません。

621 好 ㄏㄠˇ hǎo

形 よい、優れている、仲がよい
関連 ▶▶ 好 副 (298)

622 美 ㄇㄟˇ měi

形 美しい

623 美麗 ㄇㄟˇ ㄌㄧˋ měilì

★美丽

形 美しい、きれいである

624 圓 ㄩㄢˊ yuán

★圆

形 丸い、行き届いた、円満である

625 涼快 ㄌㄧㄤˊ ㄎㄨㄞˋ liángkuài

★凉快

形 涼しい
⟷ **暖和**

626 暖和 ㄋㄨㄢˇ ˙ㄏㄨㄛ nuǎnhuo

形 暖かい
⟷ **涼快**

627 溫暖 ㄨㄣ ㄋㄨㄢˇ wēnnuǎn

★温暖

形 温かい、暖かい、温暖である

628 乾 ㄍㄢ gān

★干

形 乾いている
⟷ **濕**

629 乾淨 ㄍㄢ ㄐㄧㄥˋ gānjìng

★干净

形 きれいである、清潔である

阿西是一個好人。 Ā Xī shì yí ge hǎorén.	阿西はいい人です。
太魯閣國家公園有很美的風景。 Tàilǔgé Guójiā Gōngyuán yǒu hěn měi de fēngjǐng.	太魯閣国立公園にはとても美しい景色があります。
文雄有一個美麗的太太。 Wénxióng yǒu yí ge měilì de tàitai.	文雄にはきれいな奥さんがいます。
小丸子的臉很圓。 Xiǎowánzi de liǎn hěn yuán.	ちびまる子ちゃんの顔は丸いです。
山區比平地涼快。 Shānqū bǐ píngdì liángkuài.	山岳地帯は平地より涼しいです。
明天寒流到來，穿暖和一點。 Míngtiān hánliú dàolái, chuān nuǎnhuo yìdiǎn.	明日は寒波が来るので暖かく着込んでください。
父母努力給我們一個溫暖的家。 Fùmǔ nǔlì gěi wǒmen yí ge wēnnuǎn de jiā.	両親は努力して私たちに温かい家庭を与えてくれました。
梅雨季節衣服不容易乾。 Méiyǔ jìjié yīfú bù róngyì gān.	梅雨の季節は服がなかなか乾きません。
阿嬤每天把家裡打掃得很乾淨。 Āmà měitiān bǎ jiāli dǎsǎode hěn gānjìng.	祖母は毎日家の中をきれいに掃除します。

630 髒 ㄗㄤ
zāng
★脏
形 汚い、汚れている

631 簡 ㄐㄧㄢˇ 單 ㄉㄢ
jiǎndān
★简单
形 単純である、簡単である

632 有 ㄧㄡˇ 用 ㄩㄥˋ
yǒuyòng
形 役に立つ、有用である

633 危 ㄨㄟˊ 險 ㄒㄧㄢˇ
wéixiǎn
★危险 wēixiǎn
形 危険である
名 危険
⟷ **安全**

634 安 ㄢ 全 ㄑㄩㄢˊ
ānquán
形 安全である
名 安全
⟷ **危險**

635 對 ㄉㄨㄟˋ
duì
★对
形 正しい
⟷ **錯**

636 錯 ㄘㄨㄛˋ
cuò
★错
形 間違っている
⟷ **對**

637 熱 ㄖㄜˋ 鬧 ㄋㄠˋ
rènào
★热闹
形 活気にあふれている、にぎやかである

638 吵 ㄔㄠˇ
chǎo
形 騒がしい、うるさい

白色的衣服容易髒。
Báisè de yīfú róngyì zāng.
白い服は汚れやすいです。

這是一個簡單的問題。
Zhè shì yí ge jiǎndān de wèntí.
これは簡単な問題です。

那個方法很有用。
Nàge fāngfǎ hěn yǒuyòng.
その方法はとても役に立ちます。

牌子上寫著「危險，禁止游泳」。
Páizishàng xiězhe “wéixiǎn, jìnzhǐ yóuyǒng”.
看板に「危険、遊泳禁止」と書いてあります。

做好計畫再去旅行比較安全。
Zuòhǎo jìhuà zài qù lǚxíng bǐjiào ānquán.
しっかり計画してから旅行に行った方がより安全です。

對，你說的沒錯。
Duì, nǐ shuō de méicuò.
そうです、あなたの言う通りです。

關於這個問題，是我錯了。
Guānyú zhège wèntí, shì wǒ cuò le.
この問題については、私の間違いです。

夜市總是很熱鬧。
Yèshì zǒngshì hěn rènào.
夜市はいつもにぎやかです。

寶寶在睡覺，不要吵。
Bǎobao zài shuìjiào, búyào chǎo.
赤ちゃんが寝ているから騒がないで。

639 有ㄧㄡˇ空ㄎㄨㄥˋ(兒ㄦ)
yǒukòng(r)
★有空（儿）

形 時間がある、暇がある

640 滿ㄇㄢˇ
mǎn
★满

動 いっぱいにする、満たす

641 飽ㄅㄠˇ
bǎo
★饱

形 お腹がいっぱいである

642 夠ㄍㄡˋ
gòu
★够

動 足りる、十分である

643 清ㄑㄧㄥ楚ㄔㄨˇ
qīngchǔ

形 はっきりしている、明確である

644 奇ㄑㄧˊ怪ㄍㄨㄞˋ
qíguài

形 奇妙である、普通でない、不思議である

645 客ㄎㄜˋ氣ㄑㄧˋ
kèqì
★客气

形 礼儀正しい、謙虚である

646 聰ㄘㄨㄥ明ㄇㄧㄥˊ
cōngmíng
★聪明

形 賢い、聡明である

647 認ㄖㄣˋ真ㄓㄣ
rènzhēn
★认真

形 真剣である、まじめである

你明天下午有空嗎？ Nǐ míngtiān xiàwǔ yǒukòng ma?	明日の午後は時間がありますか？
這家店經常客滿。 Zhè jiā diàn jīngcháng kèmǎn.	この店はしょっちゅう満席です。
今天吃得太飽了。 Jīntiān chīde tài bǎo le.	今日はお腹いっぱい食べました。
菜夠不夠？ Cài gòubúgòu?	料理は足りていますか？
你很清楚這是怎麼一回事。 Nǐ hěn qīngchǔ zhè shì zěnme yìhuíshì.	あなたはこれがどういうことかよくわかっています。
這件事情太奇怪了。 Zhè jiàn shìqíng tài qíguài le.	この件は奇妙すぎます。
你太客氣了。 Nǐ tài kèqì le.	遠慮しすぎですよ。
這個小孩很聰明。 Zhège xiǎohái hěn cōngmíng.	この子供は賢いです。
他隨便說說，你不要太認真。 Tā suíbiàn shuōshuō, nǐ búyào tài rènzhēn.	彼は好き勝手に言うので、あなたは真剣になりすぎないで。

648 □□□ **勇ㄩㄥˇ敢ㄍㄢˇ**
yǒnggǎn

形 勇敢である

---

649 □□□ **害ㄏㄞˋ羞ㄒㄧㄡ**
hàixiū

形 恥ずかしがりである、照れ屋の

---

650 □□□ **真ㄓㄣ**
zhēn

形 本当の、真実である
関連 ▶▶ **真** 副 (296)

---

651 □□□ **特ㄊㄜˋ別ㄅㄧㄝˊ**
tèbié

★特别

形 特別である

---

652 □□□ **一ㄧˋ般ㄅㄢ**
yìbān

形 一般的である、普通である

---

653 □□□ **不ㄅㄨˋ同ㄊㄨㄥˊ**
bùtóng

形 違う、異なる

---

654 □□□ **差ㄔㄚˋ/ㄔㄚ**
chà/chā

★ chà

形 劣っている、差がある、悪い

---

655 □□□ **差ㄔㄚˋ不ㄅㄨˋ多ㄉㄨㄛ**
chàbuduō/chābùduō

★ chàbuduō

形 ほとんど同じである、差がない

---

656 □□□ **樣ㄧㄤˋ子ㄗ˙**
yàngzi

★样子

名 様子、形、模様

能說出事實，你真的很勇敢。 Néng shuōchū shìshí, nǐ zhēn de hěn yǒnggǎn.	事実を話せるなんて、あなたは本当に勇敢です。
美惠是一個害羞的小女孩。 Měihuì shì yí ge hàixiū de xiǎonǚhái.	美恵は照れ屋の女の子です。
這是真的，相信我。 Zhè shì zhēn de, xiāngxìn wǒ.	これは本当です、私を信じてください。
今天是特別的一天。 Jīntiān shì tèbié de yì tiān.	今日は特別な1日です。
這裡一般不對外公開。 Zhèlǐ yìbān bú duì wài gōngkāi.	ここは通常外部に公開していません。
不同的國家有不同的習慣。 Bùtóng de guójiā yǒu bùtóng de xíguàn.	異なる国には異なる習慣があります。
你還差得遠呢。 Nǐ hái chàde yuǎn ne.	まだまだですね。
你們兩個差不多高。 Nǐmen liǎng ge chàbuduō gāo.	あなたたち2人はほとんど同じ背の高さです。
今天你這個樣子好像要參加婚禮。 Jīntiān nǐ zhège yàngzi hǎoxiàng yào cānjiā hūnlǐ.	あなたの今日のその格好はまるで結婚式に出るみたいです。

657 愉ㄩˊ快ㄎㄨㄞˋ
yúkuài
形 楽しい、愉快である

658 開ㄎㄞ心ㄒㄧㄣ
kāixīn
★开心
形 楽しい、うれしい

659 幸ㄒㄧㄥˋ福ㄈㄨˊ
xìngfú
形 幸福である、幸せである
名 幸福、幸せ

660 滿ㄇㄢˇ意ㄧˋ
mǎnyì
★满意
形 満足している、気に入っている

661 感ㄍㄢˇ謝ㄒㄧㄝˋ
gǎnxiè
★感谢
動 感謝する
関連 ▸▸ **謝謝**（018）

662 擔ㄉㄢ心ㄒㄧㄣ
dānxīn
★担心
動[離] 心配する、気にする

663 生ㄕㄥ氣ㄑㄧˋ
shēngqì
★生气
動[離] 怒る

664 著ㄓㄠ急ㄐㄧˊ
zhāojí
★着急 zháojí
形 焦っている、いらいらしている

665 辛ㄒㄧㄣ苦ㄎㄨˇ
xīnkǔ
形 つらい、苦しい

祝你有個愉快的周末。 Zhù nǐ yǒu ge yúkuài de zhōumò.	楽しい週末になりますように。
你為什麼不開心呢？ Nǐ wèishénme bù kāixīn ne?	あなたはどうして不機嫌なのですか？
我覺得很幸福。 Wǒ juéde hěn xìngfú.	私は幸せに思います。
我對於這個產品很滿意。 Wǒ duìyú zhège chǎnpǐn hěn mǎnyì.	私はこの製品に満足しています。
感謝您的合作。 Gǎnxiè nín de hézuò.	あなたのご協力に感謝いたします。
不要擔心，他已經是大人了。 Búyào dānxīn, tā yǐjīng shì dàrén le.	心配しないで、彼はもう大人になりました。
姊姊在生男朋友的氣。 Jiějie zài shēng nánpéngyǒu de qì.	姉は彼氏に怒っています。
不要著急，我們一起出去找他。 Búyào zhāojí, wǒmen yìqǐ chūqù zhǎo tā.	焦らないで、私たちは一緒に彼を探しに出かけましょう。
媽媽每天上班非常辛苦。 Māma měitiān shàngbān fēicháng xīnkǔ.	母は毎日仕事がとてもたいへんです。

666 難ㄋㄢˊ過ㄍㄨㄛˋ
nánguò
★难过

形 つらい、悲しい、(生活が)苦しい

667 傷ㄕㄤ心ㄒㄧㄣ
shāngxīn
★伤心

動[離] 心を痛める、悲しむ

668 哭ㄎㄨ
kū

動 泣く

669 怕ㄆㄚˋ
pà

動 恐れる、怖がる

670 可ㄎㄜˇ怕ㄆㄚˋ
kěpà

形 恐ろしい、恐るべき

671 無ㄨˊ聊ㄌㄧㄠˊ
wúliáo
★无聊

形 つまらない、退屈である

672 可ㄎㄜˇ憐ㄌㄧㄢˊ
kělián
★可怜

形 かわいそうである、哀れである

673 相ㄒㄧㄤ信ㄒㄧㄣˋ
xiāngxìn

動 信じる、信用する

674 關ㄍㄨㄢ心ㄒㄧㄣ
guānxīn
★关心

動 関心を持つ、気にかける

不要難過，明天會更好。

Búyào nánguò, míngtiān huì gèng hǎo.

悲しまないで、明日はきっともっとよくなります。

他正在為失戀而傷心。

Tā zhèngzài wèi shīliàn ér shāngxīn.

彼は今ちょうど失恋して悲しんでいます。

他傷心地哭了。

Tā shāngxīnde kū le.

彼は悲しくて泣きました。

妹妹很怕鬼。

Mèimei hěn pà guǐ.

妹は幽霊を怖がります。

聽說《返校》這部電影很可怕。

Tīngshuō «Fǎnxiào» zhè bù diànyǐng hěn kěpà.

『返校』という映画はすごく怖いそうです。

那部連續劇實在太無聊了。

Nà bù liánxùjù shízài tài wúliáo le.

あの連続ドラマはまったくつまらなすぎました。

我不喜歡聽可憐的故事。

Wǒ bù xǐhuān tīng kělián de gùshì.

私はかわいそうな物語を聞くのは好きではありません。

我相信你一定會通過這次考試。

Wǒ xiāngxìn nǐ yídìng huì tōngguò zhècì kǎoshì.

私はあなたが今回の試験にきっと合格すると信じています。

金龍特別關心我。

Jīnlóng tèbié guānxīn wǒ.

金龍は特に私を気にかけています。

675 認ㄖㄣˋ為ㄨㄟˊ
rènwéi
★认为
動 ～と思う、～と考える

676 了ㄌㄧㄠˇ解ㄐㄧㄝˇ／瞭ㄌㄧㄠˇ解ㄐㄧㄝˇ
liǎojiě
★了解
動 理解する、知る

677 忘ㄨㄤˋ
wàng
動 忘れる、覚えていない

678 記ㄐㄧˋ
jì
★记
動 記憶する、書き留める

679 發ㄈㄚ現ㄒㄧㄢˋ
fāxiàn
★发现
動 気づく、発見する
名 発見

680 需ㄒㄩ要ㄧㄠˋ
xūyào
動 必要としている、～しなければならない

681 應ㄧㄥ該ㄍㄞ
yīnggāi
★应该
助動 ～すべきだ、～のはずだ

682 不ㄅㄨˊ用ㄩㄥˋ
búyòng
副 ～しなくてよい、～する必要はない

683 別ㄅㄧㄝˊ
bié
★别
副 ～するな、～してはいけない

我認為你這個問題很好。
Wǒ rènwéi nǐ zhège wèntí hěn hǎo.
私は、あなたのこの質問はよいと思います。

我瞭解你的心情。
Wǒ liǎojiě nǐ de xīnqíng.
私はあなたの気持ちがわかります。

我差一點忘了明天的事。
Wǒ chàyìdiǎn wàngle míngtiān de shì.
私はもう少しで明日のことを忘れるところでした。

把他的話記下來。
Bǎ tā de huà jìxiàlái.
①彼の話を覚えておいてください。
②彼の話を書き留めておいてください。

我發現他喜歡喝咖啡。
Wǒ fāxiàn tā xǐhuān hē kāfēi.
彼はコーヒーを飲むのが好きだということに私は気づきました。

我還需要一點時間。
Wǒ hái xūyào yìdiǎn shíjiān.
私はさらにもう少し時間が必要です。

你應該相信自己。
Nǐ yīnggāi xiāngxìn zìjǐ.
あなたは自分を信じるべきです。

不用著急，他馬上就會回來了。
Búyòng zhāojí, tā mǎshàng jiù huì huílái le.
慌てる必要はありません。彼はすぐに帰ってきます。

別看我，我不知道。
Bié kàn wǒ, wǒ bù zhīdào.
私を見ないで。私は知りません。

684 **打算** ㄉㄚˇ ㄙㄨㄢˋ dǎsuàn

助動 ～するつもりである、～する予定だ

685 **願意** ㄩㄢˋ ㄧˋ yuànyì

★愿意

助動 ～する気がある、～したいと思う

686 **心** ㄒㄧㄣ xīn

名 気持ち、心、心臓

687 **心情** ㄒㄧㄣ ㄑㄧㄥˊ xīnqíng

名 気分、気持ち、心

688 **感覺** ㄍㄢˇ ㄐㄩㄝˊ gǎnjué

★感觉

名 感覚、気持ち
動 ～と思う、～と感じる

689 **興趣** ㄒㄧㄥˋ ㄑㄩˋ xìngqù

★兴趣

名 興味、関心

690 **上** ㄕㄤˋ shàng

動 登る、上がる、乗る
⟷ 下
関連 ▸▸ 上（面）名（113）

691 **下** ㄒㄧㄚˋ xià

動 降りる、下りる、下る
⟷ 上
関連 ▸▸ 下（面）名（114）

692 **出** ㄔㄨ chū

動 出す、出る

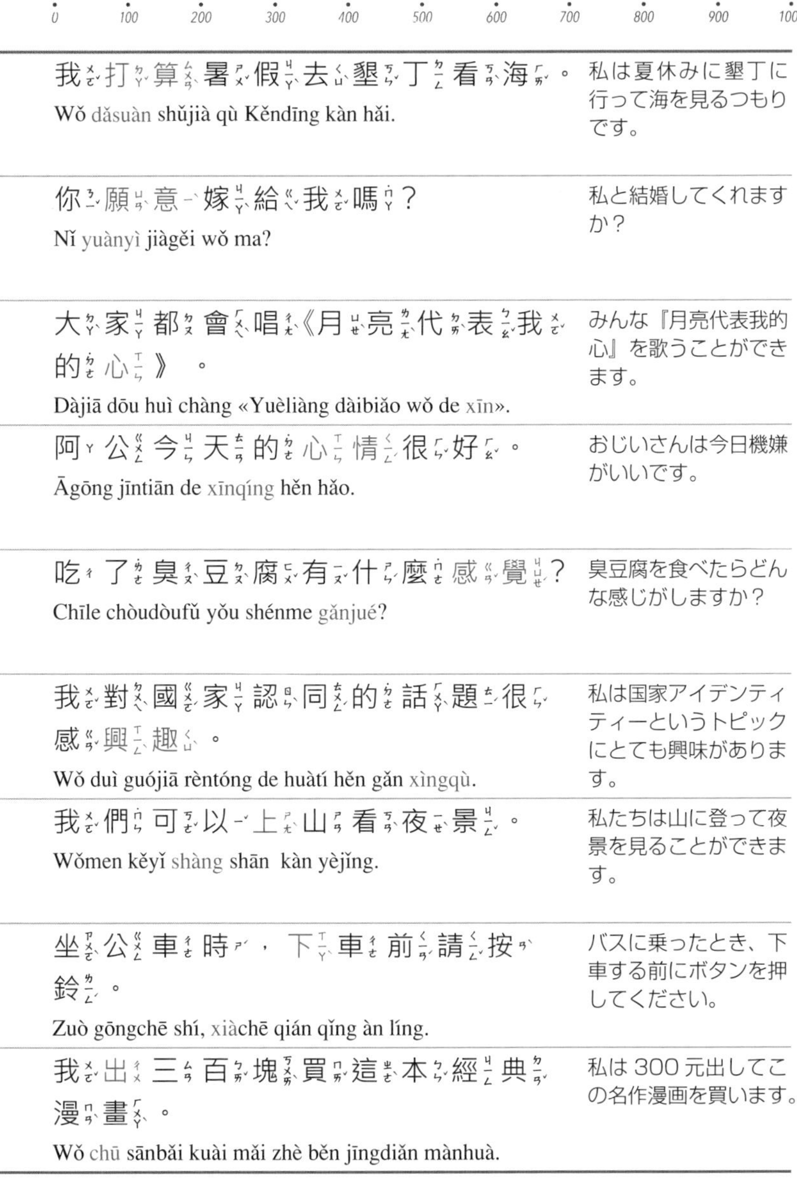

我打算暑假去墾丁看海。 Wǒ dǎsuàn shǔjià qù Kěndīng kàn hǎi.	私は夏休みに墾丁に行って海を見るつもりです。
你願意嫁給我嗎？ Nǐ yuànyì jiàgěi wǒ ma?	私と結婚してくれますか？
大家都會唱《月亮代表我的心》。 Dàjiā dōu huì chàng «Yuèliàng dàibiǎo wǒ de xīn».	みんな『月亮代表我的心』を歌うことができます。
阿公今天的心情很好。 Āgōng jīntiān de xīnqíng hěn hǎo.	おじいさんは今日機嫌がいいです。
吃了臭豆腐有什麼感覺？ Chīle chòudòufǔ yǒu shénme gǎnjué?	臭豆腐を食べたらどんな感じがしますか？
我對國家認同的話題很感興趣。 Wǒ duì guójiā rèntóng de huàtí hěn gǎn xìngqù.	私は国家アイデンティティーというトピックにとても興味があります。
我們可以上山看夜景。 Wǒmen kěyǐ shàng shān kàn yèjǐng.	私たちは山に登って夜景を見ることができます。
坐公車時，下車前請按鈴。 Zuò gōngchē shí, xiàchē qián qǐng àn líng.	バスに乗ったとき、下車する前にボタンを押してください。
我出三百塊買這本經典漫畫。 Wǒ chū sānbǎi kuài mǎi zhè běn jīngdiǎn mànhuà.	私は 300 元出してこの名作漫画を買います。

動作や作用

693 **出ㄔㄨ 來ㄌㄞˊ**
chūlái
★出来

動 出てくる、現れる
⟷ **進去**

694 **進ㄐㄧㄣˋ**
jìn
★进

動 進む、入る

695 **進ㄐㄧㄣˋ 去ㄑㄩˋ**
jìnqù
★进去

動 中に入る
⟷ **出來**

696 **回ㄏㄨㄟˊ 去ㄑㄩˋ**
huíqù

動[離] 帰っていく、戻っていく
⟷ **回來**

697 **起ㄑㄧˇ 來ㄌㄞˊ**
qǐlái
★起来

動 起き上がる、立つ、立ち上がる
⟷ **躺下**

698 **出ㄔㄨ 發ㄈㄚ**
chūfā
★出发

動 出発する
⟷ **到達**

699 **離ㄌㄧˊ 開ㄎㄞ**
líkāi
★离开

動 離れる、去る

700 **經ㄐㄧㄥ 過ㄍㄨㄛˋ**
jīngguò
★经过

動 過ぎる、経過する

701 **過ㄍㄨㄛˋ 去ㄑㄩˋ**
guòqù
★过去

動 通り過ぎていく、過ぎ去る

你幾點可以出來?

Nǐ jǐ diǎn kěyǐ chūlái?

あなたは何時に出てこられますか？

我想把這件事寫進小說裡。

Wǒ xiǎng bǎ zhè jiàn shì xiějìn xiǎoshuōlǐ.

私はこのことを小説に書き入れたいです。

你進去房間找找看車鑰匙。

Nǐ jìnqù fángjiān zhǎozhǎo kàn chē yàoshi.

部屋に入って車の鍵を探してみてください。

你什麼時候回去?

Nǐ shénme shíhòu huíqù?

あなたはいつ帰りますか？

你半夜爬起來做什麼?

Nǐ bànyè páqǐlái zuò shénme?

夜中に起きてきて何をするのですか？

我們幾點出發?

Wǒmen jǐ diǎn chūfā?

私たちは何時に出発しますか？

柳哥明天離開東京。

Liǔ gē míngtiān líkāi Dōngjīng.

柳兄さんは明日東京を離れます。

經過這麼多年，我們都老了。

Jīngguò zhème duō nián, wǒmen dōu lǎo le.

こんなに長い年月が経って、私たちはすっかり年を取りました。

事情已經過去了。

Shìqíng yǐjīng guòqù le.

事はもう終わりました。

702 動 ㄉㄨㄥˋ
dòng
★动

動 動く、動かす

703 停 ㄊㄧㄥˊ
tíng

動 停止する、止まる、止める

704 排ㄆㄞˊ隊ㄉㄨㄟˋ
páiduì
★排队

動[離] 列に並ぶ、順番を待つ

705 轉 ㄓㄨㄢˇ
zhuǎn
★转

動 変わる、変える、方向を変える

706 出ㄔㄨ現ㄒㄧㄢˋ
chūxiàn
★出现

動 現れる、出現する

707 弄 ㄋㄨㄥˋ
nòng

動 やる、する、いじる

708 幫 ㄅㄤ
bāng
★帮

動 手伝う、手助けする、助ける

709 打ㄉㄚˇ開ㄎㄞ
dǎkāi
★打开

動 開ける、開く、打開する

710 交 ㄐㄧㄠ
jiāo

動 渡す、付き合う、交差する

拍照的時候不要動。
Pāizhào de shíhòu búyào dòng.
写真を撮るときは動かないでください。

這邊不好停車。
Zhèbiān bù hǎo tíngchē.
ここは車を停めにくいです。

我先去排隊買票。
Wǒ xiān qù páiduì mǎi piào.
私が先に並びに行ってチケットを買います。

要轉車才能到他公司。
Yào zhuǎn chē cái néng dào tā gōngsī.
乗り換えをしなければ彼の会社に着くことができません。

她的臉上又出現了希望。
Tā de liǎnshàng yòu chūxiànle xīwàng.
彼女の顔に再び希望が現れました。

這是誰弄的？
Zhè shì shéi nòng de?
これは誰がやったのですか？

珍珍要我幫她寫情書。
Zhēnzhēn yào wǒ bāng tā xiě qíngshū.
珍珍は私にラブレターを書くのを手伝わせます。

他打開門進去。
Tā dǎkāi mén jìnqù.
彼はドアを開けて入っていきました。

明天要交一份讀書計畫。
Míngtiān yào jiāo yí fèn dúshū jìhuà.
明日、学習計画を1部提出しなければなりません。

711 收 ㄕㄡ
shōu
動 受け取る、集める、収める、収穫する

712 借 ㄐㄧㄝˋ
jiè
動 借りる、貸す

713 租 ㄗㄨ
zū
動 賃貸しする、賃借りする

714 搬 ㄅㄢ
bān
動 運ぶ、引っ越す

715 掛 ㄍㄨㄚˋ
guà
動 掛ける

716 掉 ㄉㄧㄠˋ
diào
動 なくす、落とす、落ちる

717 丟 ㄉㄧㄡ
diū
動 なくす

718 偷 ㄊㄡ
tōu
動 盗む

719 試 ㄕˋ
shì
★试
動 試す

你收到我的電子郵件了嗎？
Nǐ shōudào wǒ de diànzǐ yóujiàn le ma?
私のメールを受け取りましたか？

借我兩千塊。
Jiè wǒ liǎngqiān kuài.
私に 2,000 元貸してください。

我們可以租車環綠島一周。
Wǒmen kěyǐ zū chē huán lǜdǎo yì zhōu.
私たちは車をレンタルして緑島を一周することができます。

可以幫我搬這個箱子嗎？
Kěyǐ bāng wǒ bān zhège xiāngzi ma?
この箱を運ぶのを手伝ってくれませんか？

把衣服掛在那裡。
Bǎ yīfú guàzài nàlǐ.
服をそこに掛けてください。

我的車票掉了。
Wǒ de chēpiào diào le.
私の乗車券がなくなりました。

你丟了什麼東西？
Nǐ diūle shénme dōngxi?
あなたは何をなくしたのですか？

他偷走了你的心。
Tā tōuzǒule nǐ de xīn.
彼はあなたの心を盗んでいきました。

可以試穿嗎？
Kěyǐ shìchuān ma?
試着してもいいですか？

720 戴 ㄉㄞˋ
dài

動 身に着ける、(帽子を) かぶる、(眼鏡を) かける
関連 ▶▶ 穿 (206)

721 裝 ㄓㄨㄤ
zhuāng
★装

動 扮装する、〜のふりをする、〜の真似をする

722 躺 ㄊㄤˇ
tǎng

動 横になる、寝そべる

723 死 ㄙˇ
sǐ

動 死ぬ

724 看見 ㄎㄢˋ ㄐㄧㄢˋ
kànjiàn
★看见

動 見かける、目に入る

725 算 ㄙㄨㄢˋ
suàn

動 計算する、〜であるとみなす

726 叫 ㄐㄧㄠˋ
jiào

動 呼ぶ、叫ぶ、鳴く

727 聽說 ㄊㄧㄥ ㄕㄨㄛ
tīngshuō
★听说

動 〜だそうだ、聞いたところ〜らしい

728 談 ㄊㄢˊ
tán
★谈

動 話す、議論する

這個帽子你戴戴看。
Zhège màozi nǐ dàidài kàn.
この帽子をかぶってみてください。

今年萬聖節你想裝成什麼？
Jīnnián Wànshèngjié nǐ xiǎng zhuāngchéng shénme?
今年のハロウィンにあなたは何のコスプレをしたいですか？

他躺在沙灘上曬太陽。
Tā tǎngzài shātānshàng shài tàiyáng.
彼は砂浜に横になって日光浴をしています。

志強的貓死了。
Zhìqiáng de māo sǐ le.
志強の猫が死にました。

你看見她的表情了嗎？
Nǐ kànjiàn tā de biǎoqíng le ma?
彼女の表情を見ましたか？

幫我算一下一共多少錢。
Bāng wǒ suàn yíxià yígòng duōshǎo qián.
合計でいくらか計算してみてください。

大家都叫我小明。
Dàjiā dōu jiào wǒ Xiǎo Míng.
みんなは私のことを小明と呼びます。

聽說她搬家了。
Tīngshuō tā bānjiā le.
彼女は引っ越したそうです。

我想跟您談一下這個工作的內容。
Wǒ xiǎng gēn nín tán yíxià zhège gōngzuò de nèiróng.
私はあなたとこの仕事の内容についてお話ししたいです。

729 **講** ㄐㄧㄤˇ
jiǎng
★讲
動 話す、説明する

730 **講話** ㄐㄧㄤˇ ㄏㄨㄚˋ
jiǎnghuà
★讲话
動[離] 話をする

731 **告訴** ㄍㄠˋ ㄙㄨˋ
gàosù
★告诉
動 告げる、知らせる

732 **通知** ㄊㄨㄥ ㄓ
tōngzhī
動 知らせる、通知する
名 通知、知らせ

733 **討論** ㄊㄠˇ ㄌㄨㄣˋ
tǎolùn
★讨论
動 討論する、検討する

734 **同意** ㄊㄨㄥˊ ㄧˋ
tóngyì
動 賛成する、同意する

735 **決定** ㄐㄩㄝˊ ㄉㄧㄥˋ
juédìng
★决定
動 決める

736 **管理** ㄍㄨㄢˇ ㄌㄧˇ
guǎnlǐ
動 管理する、取り扱う

737 **檢查** ㄐㄧㄢˇ ㄔㄚˊ
jiǎnchá
★检查
動 検査する、調べる

我講了好幾次，但是你都不聽。 Wǒ jiǎngle hǎo jǐ cì, dànshì nǐ dōu bù tīng.	私は何度も話しましたが、あなたはまったく聞きませんでした。
媽媽跟鄰居在講話。 Māma gēn línjū zài jiǎnghuà.	母はお隣さんと話しているところです。
我想告訴你一件事。 Wǒ xiǎng gàosù nǐ yí jiàn shì.	私はあなたにあることを伝えたいです。
我馬上通知他。 Wǒ mǎshàng tōngzhī tā.	私はすぐ彼に知らせます。
他們在討論性別多元化的問題。 Tāmen zài tǎolùn xìngbié duōyuánhuà de wèntí.	彼らはジェンダーの多様化の問題について討論しています。
我同意你的看法。 Wǒ tóngyì nǐ de kànfǎ.	私はあなたの考えに賛成です。
你決定怎麼做？ Nǐ juédìng zěnme zuò?	あなたはどうするか決めましたか？
管理好時間你的計劃就成功了一半。 Guǎnlǐhǎo shíjiān nǐ de jìhuà jiù chénggōngle yíbàn.	時間管理ができればあなたの計画は半分成功です。
電腦怪怪的，可以幫我檢查一下嗎？ Diànnǎo guàiguài de, kěyǐ bāng wǒ jiǎnchá yíxià ma?	パソコンがおかしいので、ちょっと調べてくれませんか？

動作や作用

738 **習**ㄒㄧˊ**慣**ㄍㄨㄢˋ
xíguàn
★习惯

[動] 慣れる
関連 ▸▸ **習慣** [名] (806)

---

739 **練**ㄌㄧㄢˋ**習**ㄒㄧˊ
liànxí
★练习

[名] 練習
関連 ▸▸ **練習** [動] (180)

---

740 **努**ㄋㄨˇ**力**ㄌㄧˋ
nǔlì

[動] 努力する、～するよう努める

---

741 **進**ㄐㄧㄣˋ**步**ㄅㄨˋ
jìnbù
★进步

[名] 進歩
[動] 進歩する

---

742 **成**ㄔㄥˊ**功**ㄍㄨㄥ
chénggōng

[動] 成功する

---

743 **見**ㄐㄧㄢˋ**面**ㄇㄧㄢˋ
jiànmiàn
★见面

[動[離]] 会う、顔を合わせる

---

744 **約**ㄩㄝ
yuē
★约

[動] 約束する、誘う

---

745 **慶**ㄑㄧㄥˋ**祝**ㄓㄨˋ
qìngzhù
★庆祝

[動] 祝う、慶祝する

---

746 **變**ㄅㄧㄢˋ
biàn
★变

[動] 変わる、変化する、変える

我不習慣每天在外面吃飯。 Wǒ bù xíguàn měitiān zài wàimiàn chīfàn.	私は毎日外食をすることに慣れていません。
你要多做數學練習。 Nǐ yào duō zuò shùxué liànxí.	あなたはたくさん数学の練習問題をしなければなりません。
不努力就不會成功。 Bù nǔlì jiù búhuì chénggōng.	努力しなければ成功できません。
你的中文有進步。 Nǐ de Zhōngwén yǒu jìnbù.	あなたの中国語は進歩しました。
你這個計畫一定要成功。 Nǐ zhège jìhuà yídìng yào chénggōng.	あなたのその計画は必ず成功しなければなりません。
我們什麼時候見面？ Wǒmen shénme shíhòu jiànmiàn?	私たちはいつ会いますか？
我想約她出來吃飯。 Wǒ xiǎng yuē tā chūlái chīfàn.	私は彼女を誘って食事に行きたいです。
我想幫你慶祝一下。 Wǒ xiǎng bāng nǐ qìngzhù yíxià.	私はあなたをお祝いしてあげたいです。
經過這件事以後他變得更小心。 Jīngguò zhè jiàn shì yǐhòu tā biànde gèng xiǎoxīn.	この件を経て、彼はより注意深くなりました。

747 發ㄈㄚ生ㄕㄥ
fāshēng
★发生

動 発生する

748 結ㄐㄧㄝˊ束ㄕㄨˋ
jiéshù
★结束

動 終わる、終える
↔ **開始**（185）

749 完ㄨㄢˊ
wán

動 終わる、終える、なくなる

750 光ㄍㄨㄤ
guāng

動 ～し尽くす、～してすっかりなくなる

751 影ㄧㄥˇ響ㄒㄧㄤˇ
yǐngxiǎng
★影响

動 影響する
名 影響

752 傳ㄔㄨㄢˊ真ㄓㄣ
chuánzhēn
★传真

名 ファックス

753 洗ㄒㄧˇ衣ㄧ機ㄐㄧ
xǐyījī
★洗衣机

名 洗濯機

754 冰ㄅㄧㄥ箱ㄒㄧㄤ
bīngxiāng

名 冷蔵庫

755 錢ㄑㄧㄢˊ包ㄅㄠ
qiánbāo
★钱包

名 財布

發生什麼事？　何が起きたのですか？

Fāshēng shénme shì?

暑假結束了。　夏休みが終わりました。

Shǔjià jiéshù le.

這件事還沒完。　このことはまだ終わっていません。

Zhè jiàn shì hái méi wán.

那本書賣光了。　あの本は売り切れました。

Nà běn shū màiguāng le.

失眠影響了小美的生活。　不眠は小美の生活に影響を及ぼしました。

Shīmián yǐngxiǎngle Xiǎo Měi de shēnghuó.

等一下我送傳真到你們公司。　のちほど私が御社にファックスを送ります。

Děng yíxià wǒ sòng chuánzhēn dào nǐmen gōngsī.

共用的洗衣機在地下室。　共用の洗濯機は地下室にあります。

Gòngyòng de xǐyījī zài dìxiàshì.

我家的冰箱不大。　わが家の冷蔵庫は大きくありません。

Wǒ jiā de bīngxiāng bú dà.

我的錢包不見了。　私の財布がなくなりました。

Wǒ de qiánbāo bú jiàn le.

756 鑰ㄧㄠˋ匙ㄕ˙
yàoshi
★钥匙
名 鍵

757 手ㄕㄡˇ錶ㄅㄧㄠˇ
shǒubiǎo
★手表
名 腕時計

758 襯ㄔㄣˋ衫ㄕㄢ
chènshān
★衬衫
名 シャツ

759 毛ㄇㄠˊ衣ㄧ
máoyī
名 セーター

760 牛ㄋㄧㄡˊ仔ㄗㄞˇ褲ㄎㄨˋ
niúzǎikù
★牛仔裤
名 ジーンズ

761 內ㄋㄟˋ衣ㄧ
nèiyī
名 下着

762 雨ㄩˇ衣ㄧ
yǔyī
名 かっぱ、レインコート

763 大ㄉㄚˋ衣ㄧ
dàyī
名 ロングコート

764 外ㄨㄞˋ套ㄊㄠˋ
wàitào
名 コート

這是您的房間鑰匙。 Zhè shì nín de fángjiān yàoshi.	これはあなたのお部屋の鍵です。
手錶上指著十點半。 Shǒubiǎoshàng zhǐzhe shí diǎn bàn.	腕時計は10時半を指しています。
你的襯衫是在哪裡買的？ Nǐ de chènshān shì zài nǎlǐ mǎi de?	あなたのシャツはどこで買ったのですか？
這件毛衣太大。 Zhè jiàn máoyī tài dà.	このセーターは大きすぎます。
這個牌子的牛仔褲不便宜。 Zhège páizi de niúzǎikù bù piányí.	このブランドのジーンズは安くありません。
舒服的內衣很重要。 Shūfu de nèiyī hěn zhòngyào.	着心地のよい下着は重要です。
我把雨衣放在機車裡面。 Wǒ bǎ yǔyī fàngzài jīchē lǐmiàn.	私はかっぱをバイクに置いています。
我想找一件大衣。 Wǒ xiǎng zhǎo yí jiàn dàyī.	私はロングコートを1着探したいです。
記得穿外套出門。 Jìde chuān wàitào chūmén.	コートを着て出かけるのを忘れないで。

765 帽ㄇㄠˋ子・ㄗ
màozi
名 帽子

766 皮ㄆㄧˊ包ㄅㄠ
píbāo
名 革かばん

767 流ㄌㄧㄡˊ行ㄒㄧㄥˊ
liúxíng
動 流行する、広く伝わる

768 藍ㄌㄢˊ色ㄙㄜˋ
lánsè
★蓝色
名 青

769 綠ㄌㄩˋ色ㄙㄜˋ
lǜsè
★绿色
名 緑

770 紅ㄏㄨㄥˊ色ㄙㄜˋ
hóngsè
★红色
名 赤

771 黑ㄏㄟ色ㄙㄜˋ
hēisè
名 黒

772 明ㄇㄧㄥˊ信ㄒㄧㄣˋ片ㄆㄧㄢˋ
míngxìnpiàn
名 はがき

773 卡ㄎㄚˇ片ㄆㄧㄢˋ
kǎpiàn
名 カード

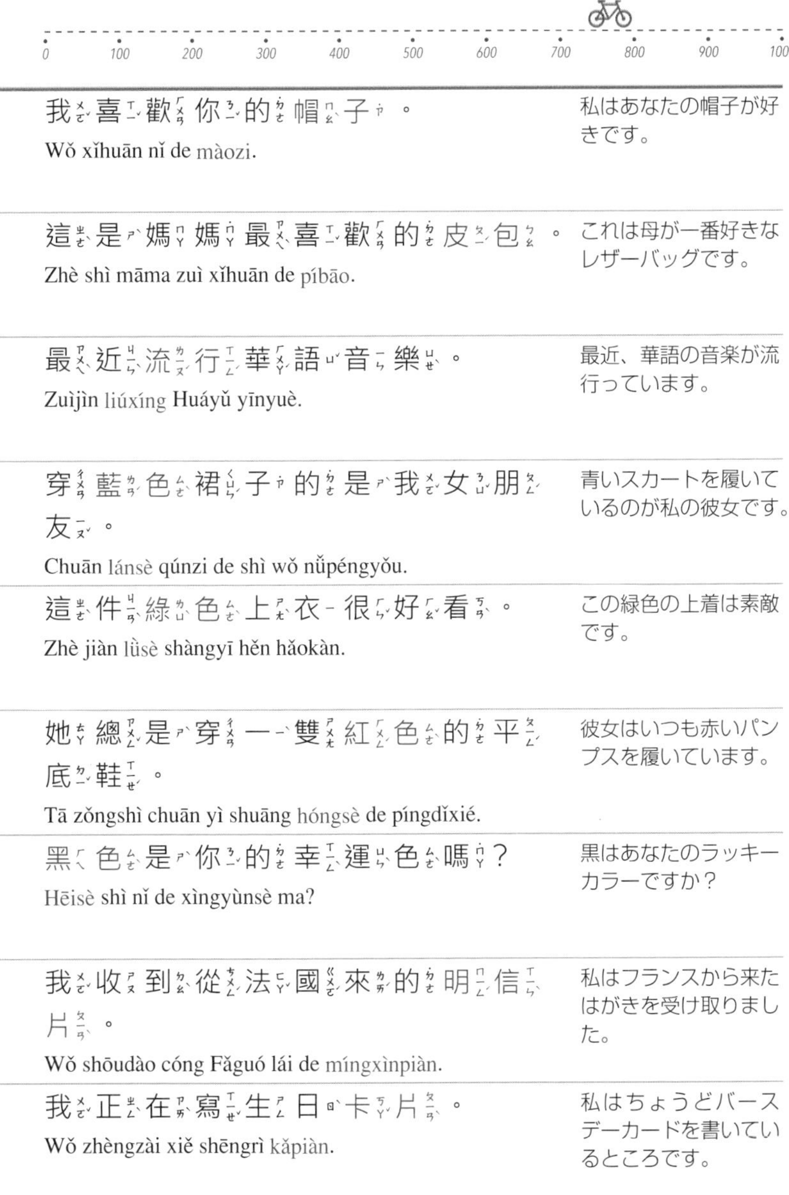

0 100 200 300 400 500 600 700 800 900 1000

我喜歡你的帽子。
Wǒ xǐhuān nǐ de màozi.
私はあなたの帽子が好きです。

這是媽媽最喜歡的皮包。
Zhè shì māma zuì xǐhuān de píbāo.
これは母が一番好きなレザーバッグです。

最近流行華語音樂。
Zuìjìn liúxíng Huáyǔ yīnyuè.
最近、華語の音楽が流行っています。

穿藍色裙子的是我女朋友。
Chuān lánsè qúnzi de shì wǒ nǚpéngyǒu.
青いスカートを履いているのが私の彼女です。

這件綠色上衣很好看。
Zhè jiàn lǜsè shàngyī hěn hǎokàn.
この緑色の上着は素敵です。

她總是穿一雙紅色的平底鞋。
Tā zǒngshì chuān yì shuāng hóngsè de píngdǐxié.
彼女はいつも赤いパンプスを履いています。

黑色是你的幸運色嗎？
Hēisè shì nǐ de xìngyùnsè ma?
黒はあなたのラッキーカラーですか？

我收到從法國來的明信片。
Wǒ shōudào cóng Fǎguó lái de míngxìnpiàn.
私はフランスから来たはがきを受け取りました。

我正在寫生日卡片。
Wǒ zhèngzài xiě shēngrì kǎpiàn.
私はちょうどバースデーカードを書いているところです。

774 盒ㄏㄜˊ子˙ㄗ
hézi
名（小型の）箱、ケース

775 網ㄨㄤˇ站ㄓㄢˋ
wǎngzhàn
★网站
名 ウェブサイト

776 雜ㄗㄚˊ誌ㄓˋ
zázhì
★杂志
名 雑誌

777 新ㄒㄧㄣ聞ㄨㄣˊ
xīnwén
★新闻
名 ニュース

778 節ㄐㄧㄝˊ目ㄇㄨˋ
jiémù
★节目
名 番組

779 政ㄓㄥˋ治ㄓˋ
zhèngzhì
名 政治

780 消ㄒㄧㄠ息ㄒㄧˊ
xiāoxí
★ xiāoxi
名 情報、ニュース、消息

781 房ㄈㄤˊ租ㄗㄨ
fángzū
名 家賃

782 出ㄔㄨ口ㄎㄡˇ
chūkǒu
名 出口

盒子裡有什麼東西呢？

Hézilǐ yǒu shénme dōngxi ne?

箱の中には何がありますか？

這個網站很受年輕人歡迎。

Zhège wǎngzhàn hěn shòu niánqīngrén huānyíng.

このサイトは若者に人気です。

我想買一本日文雜誌。

Wǒ xiǎng mǎi yì běn Rìwén zázhì.

私は日本語の雑誌を1冊買いたいです。

今天有什麼大新聞？

Jīntiān yǒu shénme dàxīnwén?

今日はどんな大ニュースがありますか？

你看過台灣的綜藝節目嗎？

Nǐ kànguò Táiwān de zòngyì jiémù ma?

台湾のバラエティ番組を見たことがありますか？

台灣的政治節目各有不同意見。

Táiwān de zhèngzhì jiémù gè yǒu bùtóng yìjiàn.

台湾の政治番組にはそれぞれ異なる意見があります。

他們還沒有發布正式消息。

Tāmen hái méiyǒu fābù zhèngshì xiāoxí.

彼らはまだ正式な情報を発表していません。

這裡的房租不便宜。

Zhèlǐ de fángzū bù piányí.

ここの家賃は安くありません。

我找不到出口。

Wǒ zhǎobudào chūkǒu.

出口が見つかりません。

783 門ㄇㄣˊ口ㄎㄡˇ
ménkǒu
★门口

名 出入口、門、玄関

784 公ㄍㄨㄥ寓ㄩˋ
gōngyù

名 アパート

785 大ㄉㄚˋ樓ㄌㄡˊ
dàlóu
★大楼

名 ビル

786 樓ㄌㄡˊ梯ㄊㄧ
lóutī
★楼梯

名 階段

787 牆ㄑㄧㄤˊ
qiáng
★墙

名 壁

788 燈ㄉㄥ
dēng
★灯

名 明かり、照明器具、ランプ

789 臥ㄨㄛˋ室ㄕˋ
wòshì
★卧室

名 寝室

790 浴ㄩˋ室ㄕˋ
yùshì

名 浴室、バスルーム

791 鄰ㄌㄧㄣˊ居ㄐㄩ
línjū
★邻居

名 隣人

他站在門口等人。
Tā zhànzài ménkǒu děng rén.
彼は入口に立って人を待っています。

麗華住在一間老舊的公寓。
Lìhuá zhùzài yì jiān lǎojiù de gōngyù.
麗華は古いアパートに住んでいます。

你去過台北1－0－1大樓嗎？
Nǐ qùguò Táiběi Yīlíngyī dàlóu ma?
台北 101 のビルに行ったことがありますか？

走樓梯可以多運動。
Zǒu lóutī kěyǐ duō yùndòng.
階段を使うとたくさん運動できます。

你知道柏林圍牆嗎？
Nǐ zhīdào Bólín Wéiqiáng ma?
ベルリンの壁を知っていますか？

天暗了，把燈打開。
Tiān àn le, bǎ dēng dǎkāi.
暗くなったから、明かりをつけて。

這裡是主臥室。
Zhèlǐ shì zhǔwòshì.
ここは主寝室です。

浴室的燈壞了。
Yùshì de dēng huài le.
浴室の明かりが壊れました。

你認識你的鄰居嗎？
Nǐ rènshì nǐ de línjū ma?
あなたはお隣さんと知り合いですか？

792 活ㄏㄨㄛˊ動ㄉㄨㄥˋ
huódòng
★活动
名 活動、イベント

793 舞ㄨˇ會ㄏㄨㄟˋ
wǔhuì
★舞会
名 ダンスパーティー

794 座ㄗㄨㄛˋ位ㄨㄟˋ
zuòwèi
名 座席、席

795 小ㄒㄧㄠˇ偷ㄊㄡ
xiǎotōu
名 泥棒

796 油ㄧㄡˊ
yóu
名 油

797 事ㄕˋ
shì
名 事柄、用事、出来事、事故

798 事ㄕˋ情ㄑㄧㄥˊ
shìqíng
名 事、事柄、用事

799 辦ㄅㄢˋ法ㄈㄚˇ
bànfǎ
★办法
名 方法

800 方ㄈㄤ法ㄈㄚˇ
fāngfǎ
名 方法

你參加過元旦總統府的活動嗎？ Nǐ cānjiāguò Yuándàn Zǒngtǒngfǔ de huódòng ma?	元旦の総督府のイベントに参加したことがありますか？
大學的畢業舞會什麼時候辦？ Dàxué de bìyè wǔhuì shénme shíhòu bàn?	大学の卒業ダンスパーティーはいつ行われますか？
這家麵店只有十個座位。 Zhè jiā miàndiàn zhǐ yǒu shí ge zuòwèi.	この麺屋には 10 席しかありません。
我知道誰是小偷。 Wǒ zhīdào shéi shì xiǎotōu.	私は誰が泥棒か知っています。
我們等一下要去加油站加油。 Wǒmen děng yíxià yào qù jiāyóuzhàn jiā yóu.	私たちは少ししたらガソリンスタンドへ給油をしに行かなければなりません。
有什麼事嗎？ Yǒu shénme shì ma?	何かありましたか？
這件事情不好辦。 Zhè jiàn shìqíng bù hǎo bàn.	この件はやりづらいです。
總是有辦法解決，不要擔心。 Zǒng shì yǒu bànfǎ jiějué, búyào dānxīn.	いつも解決方法はあるから、心配しないで。
這是一個很好的方法。 Zhè shì yí ge hěn hǎo de fāngfǎ.	これは1つのとてもよい方法です。

801 麻ㄇㄚˊ煩ㄈㄢˊ
máfán
★麻烦

名 面倒、手間

802 機ㄐㄧ會ㄏㄨㄟˋ
jīhuì
★机会

名 機会

803 可ㄎㄜˇ能ㄋㄥˊ
kěnéng

名 可能性、見込み

804 解ㄐㄧㄝˇ釋ㄕˋ
jiěshì
★解释

名 説明、解釈

805 經ㄐㄧㄥ驗ㄧㄢˋ
jīngyàn
★经验

名 経験

806 習ㄒㄧˊ慣ㄍㄨㄢˋ
xíguàn
★习惯

名 習慣
関連 ▶▶ **習慣** 動 (738)

807 禮ㄌㄧˇ貌ㄇㄠˋ
lǐmào
★礼貌

名 礼儀、マナー

808 出ㄔㄨ生ㄕㄥ
chūshēng

動 生まれる

809 照ㄓㄠˋ顧ㄍㄨˋ
zhàogù
★照顾

動 面倒を見る、世話をする

這是一個大麻煩。 Zhè shì yí ge dàmáfán.	これは大きな面倒事です。
機會總是給準備好的人。 Jīhuì zǒngshì gěi zhǔnbèihǎo de rén.	チャンスはいつもきちんと準備ができている人に与えられます。
現在有可能見到唐鳳嗎？ Xiànzài yǒu kěnéng jiàndào Táng Fèng ma.	今、オードリー・タンに会える可能性はありますか？
你的解釋很清楚，可是我聽不明白。 Nǐ de jiěshì hěn qīngchǔ, kěshì wǒ tīngbumíngbái.	あなたの説明ははっきりしていますが、私は聞いて理解できません。
出國留學是一個很好的經驗。 Chūguó liúxué shì yí ge hěn hǎo de jīngyàn.	海外留学はとてもよい経験です。
養成好的生活習慣很重要。 Yǎngchéng hǎo de shēnghuó xíguàn hěn zhòngyào.	よい生活習慣を身につけるのは重要です。
打招呼是一個基本禮貌。 Dǎ zhāohū shì yí ge jīběn lǐmào.	あいさつは基本的な礼儀です。
我在台中出生，台北長大。 Wǒ zài Táizhōng chūshēng, Táiběi zhǎngdà.	私は台中で生まれて、台北で育ちました。
媽媽總是無時無刻照顧我。 Māma zǒngshì wúshíwúkè zhàogù wǒ.	母は四六時中私の面倒を見ます。

810 聊ㄌㄧㄠˊ天ㄊㄧㄢ（兒ㄦ） 動[離] 世間話をする、おしゃべりする、チャットする

liáotiān(r)

★聊天（儿）

811 大ㄉㄚˋ聲ㄕㄥ 形 大声である、声が大きい 名 大声

dàshēng

★大声

812 聲ㄕㄥ音ㄧㄣ 名 声、音

shēngyīn

★声音

813 留ㄌㄧㄡˊ言ㄧㄢˊ 動 伝言を残す

liúyán

814 散ㄙㄢˋ步ㄅㄨˋ 動[離] 散歩する

sànbù

815 睡ㄕㄨㄟˋ 動 眠る

shuì

816 打ㄉㄚˇ掃ㄙㄠˇ 動 掃除する

dǎsǎo

★打扫

817 剪ㄐㄧㄢˇ 動 切る

jiǎn

818 過ㄍㄨㄛˋ年ㄋㄧㄢˊ 動[離] 旧正月や新年を迎える・祝う

guònián

★过年

跟你聊天很有意思。 Gēn nǐ liáotiān hěn yǒuyìsi.	あなたと話すのはとても楽しいです。
這裡太吵，每個人講話都很大聲。 Zhèlǐ tài chǎo, měi ge rén jiǎnghuà dōu hěn dàshēng.	ここはうるさすぎて、どの人も大声で話します。
志玲說話的聲音很好聽。 Zhìlíng shuōhuà de shēngyīn hěn hǎotīng.	志玲の話す声はとても心地よいです。
嗶聲之後請留言。 Bìshēng zhīhòu qǐng liúyán.	ピーという音の後に伝言を残してください。
爺爺早上喜歡到公園散步。 Yéye zǎoshàng xǐhuān dào gōngyuán sànbù.	祖父は朝、公園で散歩するのが好きです。
妹妹生病，昨天睡了一整天。 Mèimei shēngbìng, zuótiān shuìle yì zhěngtiān.	妹は病気になって、昨日丸一日寝ていました。
負責打掃的人是誰？ Fùzé dǎsǎo de rén shì shéi?	掃除を担当している人は誰ですか？
你剪頭髮了嗎？ Nǐ jiǎn tóufǎ le ma?	あなたは髪を切りましたか？
過年的時候你都做些什麼？ Guònián de shíhòu nǐ dōu zuò xiē shénme?	お正月、あなたはいつも何をしますか？

819 同ㄊㄨㄥˊ學ㄒㄩㄝˊ
tóngxué
★同学

名 同級生、学友、クラスメート

820 小ㄒㄧㄠˇ學ㄒㄩㄝˊ生ㄕㄥ
xiǎoxuéshēng
★小学生

名 小学生

821 大ㄉㄚˋ學ㄒㄩㄝˊ生ㄕㄥ
dàxuéshēng
★大学生

名 大学生

822 教ㄐㄧㄠˋ師ㄕ
jiàoshī
★教师

名 教師

823 校ㄒㄧㄠˋ長ㄓㄤˇ
xiàozhǎng
★校长

名 校長、学長

824 校ㄒㄧㄠˋ園ㄩㄢˊ
xiàoyuán
★校园

名 キャンパス

825 操ㄘㄠ場ㄔㄤˇ
cāochǎng
★操场

名 運動場、グラウンド

826 學ㄒㄩㄝˊ院ㄩㄢˋ
xuéyuàn
★学院

名（3学部以下の）大学、学部

827 學ㄒㄩㄝˊ期ㄑㄧˊ
xuéqí
★学期 xuéqī

名 学期

小新是我的小學同學。
Xiǎo Xīn shì wǒ de xiǎoxué tóngxué.
小新は私の小学校の同級生です。

從今天起你就是一個小學生了。
Cóng jīntiān qǐ nǐ jiùshì yí ge xiǎoxuéshēng le.
今日からあなたは小学生です。

有人說現在的大學生太多了。
Yǒurén shuō xiànzài de dàxuéshēng tài duō le.
今の大学生は多すぎると言う人もいます。

當一個教師是他從小的夢想。
Dāng yí ge jiàoshī shì tā cóngxiǎo de mèngxiǎng.
教師になるのは彼の小さなころからの夢です。

這所學校的校長很有名。
Zhè suǒ xuéxiào de xiàozhǎng hěn yǒumíng.
この学校の校長は有名です。

校園裡有很多花花草草。
Xiàoyuánlǐ yǒu hěn duō huāhuā cǎocǎo.
キャンパス内には多くの草花があります。

他們正在操場打棒球。
Tāmen zhèngzài cāochǎng dǎ bàngqiú.
彼らはちょうどグラウンドで野球をしています。

將來我想要選商業學院就讀。
Jiānglái wǒ xiǎng yào xuǎn shāngyè xuéyuàn jiù dú.
将来、私は商業系の大学を選んで学びたいです。

台灣一年有兩個學期。
Táiwān yì nián yǒu liǎng ge xuéqí.
台湾では1年に2学期あります。

828 學ㄒㄩㄝˊ費ㄈㄟˋ
xuéfèi
★学费

名 学費

829 成ㄔㄥˊ績ㄐㄧ
chéngjī
★成绩 chéngjì

名 成績

830 班ㄅㄢ
bān

名 クラス、組、勤務時間

831 課ㄎㄜˋ
kè
★课

名 授業、教科、科目

832 中ㄓㄨㄥ文ㄨㄣˊ
Zhōngwén

名 中国語

833 漢ㄏㄢˋ語ㄩˇ
Hànyǔ
★汉语

名 中国語

834 漢ㄏㄢˋ字ㄗˋ
Hànzì
★汉字

名 漢字

835 語ㄩˇ法ㄈㄚˇ
yǔfǎ
★语法

名 文法

836 文ㄨㄣˊ章ㄓㄤ
wénzhāng

名 文章、論文、著作

公立學校的學費比較便宜。 Gōnglì xuéxiào de xuéfèi bǐjiào piányí.	公立の学校の学費は比較的安いです。
你高中成績怎麼樣? Nǐ gāozhōng chéngjī zěnmeyàng?	あなたの高校の成績はどうですか?
我們班一共有四十個人。 Wǒmen bān yígòng yǒu sìshí ge rén.	私たちのクラスは合計で 40 人います。
我今天下午沒有課。 Wǒ jīntiān xiàwǔ méiyǒu kè.	私は今日の午後、授業がありません。
你學中文多久了? Nǐ xué Zhōngwén duōjiǔ le?	あなたは中国語をどのくらい勉強していますか?
這本漢語課本是誰的? Zhè běn Hànyǔ kèběn shì shéi de?	この中国語の教科書は誰のですか?
漢字不好學。 Hànzì bù hǎo xué.	漢字はマスターするのが難しいです。
漢語語法難不難? Hànyǔ yǔfǎ nánbùnán?	中国語の文法は難しいですか?
這篇文章介紹殖民時期的歷史。 Zhè piān wénzhāng jièshào zhímín shíqí de lìshǐ.	この文章は植民地時代の歴史を紹介しています。

837 美ㄇㄟˇ術ㄕㄨˋ
mĕishù
★美术
名 美術

838 藝ㄧˋ術ㄕㄨˋ
yìshù
★艺术
名 芸術

839 書ㄕㄨ法ㄈㄚˇ
shūfă
★书法
名 書道

840 文ㄨㄣˊ化ㄏㄨㄚˋ
wénhuà
名 文化

841 體ㄊㄧˇ育ㄩˋ
tĭyù
★体育
名 体育、スポーツ

842 書ㄕㄨ桌ㄓㄨㄛ
shūzhuō
★书桌
名 勉強机、机、文机

843 字ㄗˋ典ㄉㄧㄢˇ
zìdiăn
名 字典
関連 ▶▶ **辭典**「辞典」

844 鉛ㄑㄧㄢ筆ㄅㄧˇ
qiānbĭ
★铅笔
名 鉛筆

845 尺ㄔˇ
chĭ
名 定規、ものさし

我高中是美術部的。
Wǒ gāozhōng shì měishùbù de.
私は高校で美術部でした。

藝術是生活的一部分。
Yìshù shì shēnghuó de yíbùfèn.
芸術は生活の一部です。

你會寫書法嗎？
Nǐ huì xiě shūfǎ ma?
あなたは書道ができますか？

我想多了解一下中華文化。
Wǒ xiǎng duō liǎojiě yíxià Zhōnghuá wénhuà.
私はもっと中華文化を理解したいです。

大學體育課我學了高爾夫球。
Dàxué tǐyùkè wǒ xuéle gāo’ěrfūqiú.
大学の体育の授業で私はゴルフを学びました。

書桌上放了很多教科書。
Shūzhuōshàng fàngle hěn duō jiàokēshū.
勉強机の上にたくさんの教科書が置いてあります。

你有台灣話的字典嗎？
Nǐ yǒu Táiwānhuà de zìdiǎn ma?
台湾語の字典を持っていますか？

弟弟喜歡用鉛筆畫畫。
Dìdi xǐhuān yòng qiānbǐ huà huà.
弟は鉛筆で絵を描くのが好きです。

我忘了帶尺。
Wǒ wàngle dài chǐ.
私は定規を持ってくるのを忘れました。

846 毛ㄇㄠˊ筆ㄅㄧˇ
máobǐ
★毛笔
名 筆

---

847 開ㄎㄞ學ㄒㄩㄝˊ
kāixué
★开学
動[離] 学校が始まる

---

848 放ㄈㄤˋ假ㄐㄧㄚˋ
fàngjià
動[離] 休みになる

---

849 暑ㄕㄨˇ假ㄐㄧㄚˋ
shǔjià
名 夏休み

---

850 寒ㄏㄢˊ假ㄐㄧㄚˋ
hánjià
名 冬休み

---

851 畢ㄅㄧˋ業ㄧㄝˋ
bìyè
★毕业
動[離] 卒業する

---

852 教ㄐㄧㄠ
jiāo
動 教える

---

853 教ㄐㄧㄠ書ㄕㄨ
jiāoshū
★教书
動[離] 教える

---

854 念ㄋㄧㄢˋ／唸ㄋㄧㄢˋ
niàn
★念
動 読む、音読する

你會用毛筆寫字嗎？
Nǐ huì yòng máobǐ xiě zì ma?
あなたは筆で文字を書くことができますか？

台灣的學校九月開學。
Táiwān de xuéxiào jiǔyuè kāixué.
台湾の学校は9月に始まります。

明天就放假了。
Míngtiān jiù fàngjià le.
明日からお休みです。

今年暑假我就是交換留學生了。
Jīnnián shǔjià wǒ jiù shì jiāohuàn liúxuéshēng le.
今年の夏休みに私は交換留学生になります。

學生總是覺得寒假太短。
Xuéshēng zǒngshì juéde hánjià tài duǎn.
学生はいつも冬休みが短すぎると思っています。

六月是台灣的畢業季。
Liùyuè shì Táiwān de bìyèjì.
6月は台湾の卒業シーズンです。

你可以教我中文嗎？
Nǐ kěyǐ jiāo wǒ Zhōngwén ma?
私に中国語を教えてくれませんか？

家豪在大學教書。
Jiāháo zài dàxué jiāoshū.
家豪は大学で教師をしています。

阿雄的文章就算多念幾次也不懂。
Ā Xióng de wénzhāng jiù suàn duō niàn jǐ cì yě bùdǒng.
阿雄の文章は何度読んでも理解できません。

855 遲ㄔˊ到ㄉㄠˋ
chídào
★迟到
動 遅れる、遅刻する

856 職ㄓˊ業ㄧㄝˋ
zhíyè
★职业
名 職業

857 經ㄐㄧㄥ理ㄌㄧˇ
jīnglǐ
★经理
名 マネジャー、経営者、社長、常務

858 記ㄐㄧˋ者ㄓㄜˇ
jìzhě
★记者
名 記者

859 服ㄈㄨˊ務ㄨˋ員ㄩㄢˊ
fúwùyuán
★服务员
名 ウェイター、従業員

860 服ㄈㄨˊ務ㄨˋ生ㄕㄥ
fúwùshēng
★服务生
名 ウェイター、従業員

861 客ㄎㄜˋ人ㄖㄣˊ
kèrén
名 お客さん

862 顧ㄍㄨˋ客ㄎㄜˋ
gùkè
★顾客
名 顧客、クライアント

863 服ㄈㄨˊ務ㄨˋ
fúwù
★服务
動 働く、勤務する、サービスする

明天不要遲到。
Míngtiān búyào chídào.
明日は遅刻しないで。

請在這裡寫下你的職業。
Qǐng zài zhèlǐ xiěxià nǐ de zhíyè.
こちらに職業をお書きください。

他爸爸是台積電的經理。
Tā bàba shì Táijīdiàn de jīnglǐ.
彼のお父さんは台湾積体電路製造（TSMC）のマネジャーです。

記者是一個好職業嗎？
Jìzhě shì yí ge hǎo zhíyè ma?
記者はいい職業ですか？

你們這裡有幾個服務員？
Nǐmen zhèlǐ yǒu jǐ ge fúwùyuán?
あなたたちのところには何人の従業員がいますか？

服務生，有沒有菜單？
Fúwùshēng, yǒuméiyǒu càidān?
店員さん、メニューはありますか？

今天有客人來。
Jīntiān yǒu kèrén lái.
今日来客があります。

他是我們公司的顧客。
Tā shì wǒmen gōngsī de gùkè.
彼は弊社の顧客です。

你在哪裡服務？
Nǐ zài nǎlǐ fúwù?
あなたはどこで働いていますか？

864 下ㄒㄧㄚˋ班ㄅㄢ
xiàbān

動[離] 退勤する、仕事を終える
⟷ 上班 (448)

865 開ㄎㄞ會ㄏㄨㄟˋ
kāihuì
★开会

動[離] 会議をする、会議に参加する

866 報ㄅㄠˋ告ㄍㄠˋ
bàogào
★报告

動 報告する
名 報告、レポート

867 計ㄐㄧˋ畫ㄏㄨㄚˋ / 計ㄐㄧˋ劃ㄏㄨㄚˋ
jìhuà
★计画 / 计划

名 計画、企画
動 計画する

868 宿ㄙㄨˋ舍ㄕㄜˋ
sùshè

名 寮、宿舎

869 餐ㄘㄢ
cān

名 食事、ごはん

870 米ㄇㄧˇ
mǐ

名 米

871 點ㄉㄧㄢˇ心ㄒㄧㄣ
diǎnxīn
★点心

名 おやつ、軽い食事

872 牛ㄋㄧㄡˊ排ㄆㄞˊ
niúpái

名 ステーキ

她下班後會去健身房運動。 Tā xiàbān hòu huì qù jiànshēnfáng yùndòng.	彼女は退勤後、ジムへ運動をしに行きます。
今天什麼時候開會? Jīntiān shénme shíhòu kāihuì?	今日はいつ会議がありますか?
你這篇報告寫得相當好。 Nǐ zhè piān bàogào xiěde xiāngdāng hǎo.	あなたのこのレポートはかなりよく書けています。
這個計畫還要修改一下。 Zhège jìhuà hái yào xiūgǎi yíxià.	この計画はさらにもう少し修正しなければなりません。
這個公司有員工宿舍。 Zhège gōngsī yǒu yuángōng sùshè.	この会社には社員寮があります。
你有沒有吃早餐? Nǐ yǒuméiyǒu chī zǎocān?	朝食は食べましたか?
台東池上米很好吃。 Táidōng Chíshàngmǐ hěn hǎochī.	台東の池上米はおいしいです。
你想要吃什麼點心? Nǐ xiǎng yào chī shénme diǎnxīn?	あなたはどんなおやつを食べたいですか?
這家的牛排很有名。 Zhè jiā de niúpái hěn yǒumíng.	この店のステーキは有名です。

873 漢ㄏㄢˋ堡ㄅㄠˇ
hànbǎo
★汉堡
名 ハンバーガー

874 三ㄙㄢ明ㄇㄧㄥˊ治ㄓˋ
sānmíngzhì
名 サンドイッチ

875 青ㄑㄧㄥ菜ㄘㄞˋ
qīngcài
名 青菜、緑の葉の野菜

876 冰ㄅㄧㄥ淇ㄑㄧˊ淋ㄌㄧㄣˊ
bīngqílín
名 アイスクリーム

877 餅ㄅㄧㄥˇ乾ㄍㄢ
bǐnggān
★饼干
名 ビスケット、クッキー

878 西ㄒㄧ瓜ㄍㄨㄚ
xīguā
名 スイカ

879 開ㄎㄞ水ㄕㄨㄟˇ
kāishuǐ
★开水
名 お湯、沸騰したお湯

880 紅ㄏㄨㄥˊ茶ㄔㄚˊ
hóngchá
★红茶
名 紅茶

881 啤ㄆㄧˊ酒ㄐㄧㄡˇ
píjiǔ
名 ビール

這家餐廳賣美式漢堡。 Zhè jiā cāntīng mài Měishì hànbǎo.	このレストランではアメリカのハンバーガーを売っています。
今天的早餐是三明治和米漿。 Jīntiān de zǎocān shì sānmíngzhì hé mǐjiāng.	今日の朝ごはんはサンドイッチと米漿です。 ※米漿：米とピーナッツを原料とした飲みもの
多吃一點青菜。 Duō chī yìdiǎn qīngcài.	青菜をもっと食べてください。
我想念西門町的芋頭冰淇淋。 Wǒ xiǎngniàn Xīméndīng de yùtou bīngqílín.	私は西門町のタロイモアイスが恋しいです。
我想做餅乾送她。 Wǒ xiǎng zuò bǐnggān sòng tā.	私はビスケットを作って彼女に贈りたいです。
你喝過西瓜牛奶汁嗎？ Nǐ hēguò xīguā niúnǎizhī ma?	あなたはスイカミルクジュースを飲んだことがありますか？
如果不舒服，先喝杯溫開水。 Rúguǒ bùshūfu, xiān hē bēi wēn kāishuǐ.	もし調子が悪かったら、まず温かいお湯を飲んでください。
日月潭紅茶很好喝。 Rìyuètán hóngchá hěn hǎohē.	日月潭紅茶はおいしいです。
你喜歡台灣生啤酒還是金牌啤酒？ Nǐ xǐhuān Táiwān shēngpíjiǔ háishì jīnpái píjiǔ?	あなたは台湾の生ビールが好きですか、それとも金牌ビールが好きですか？

882 鹽 ㄧㄢˊ
yán
★盐
名 塩

883 糖 ㄊㄤˊ
táng
名 砂糖、あめ

884 味ㄨㄟˋ道ㄉㄠˋ
wèidào
名 味

885 鹹 ㄒㄧㄢˊ
xián
★咸
形 塩辛い

886 辣 ㄌㄚˋ
là
形 辛い

887 酸 ㄙㄨㄢ
suān
形 すっぱい

888 苦 ㄎㄨˇ
kǔ
形 苦い、苦しい、つらい

889 新ㄒㄧㄣ鮮ㄒㄧㄢ
xīnxiān
★新鲜
形 新鮮である

890 香 ㄒㄧㄤ
xiāng
形 香りがよい、味がよい

加一點鹽，味道更好。 Jiā yìdiǎn yán, wèidào gèng hǎo.	塩を少し加えたら、味がもっとおいしくなります。
台南人做菜喜歡加一點糖。 Táinánrén zuò cài xǐhuān jiā yìdiǎn táng.	台南人は料理によく砂糖を少し加えます。
這是什麼味道？ Zhè shì shénme wèidào?	これは何の味ですか？
這碗四神湯太鹹。 Zhè wǎn sìshéntāng tài xián.	この四神湯はしょっぱすぎます。 ※四神湯：４種の生薬とモツを煮込んだ台湾の薬膳スープ
這種辣椒醬不夠辣。 Zhè zhǒng làjiāojiàng búgòu là.	このチリソースは辛さが足りません。
有人說情人果的酸甜像戀愛。 Yǒurén shuō qíngrénguǒ de suāntián xiàng liàn'ài.	情人果の甘酸っぱさは恋愛のようだと言う人がいます。 ※情人果：土マンゴーの砂糖漬け
不是所有的人都喜歡吃苦瓜。 Búshì suǒyǒu de rén dōu xǐhuān chī kǔguā.	みんなゴーヤを食べるのが好きだというわけではありません。
東港的海鮮都很新鮮。 Dōnggǎng de hǎixiān dōu hěn xīnxiān.	東港の海鮮はどれも新鮮です。
這朵花好香。 Zhè duǒ huā hǎo xiāng.	この花はいい香りです。

891 點ㄉㄧㄢˇ菜ㄘㄞˋ　動[離] 料理を注文する
diǎncài
★点菜

892 請ㄑㄧㄥˇ客ㄎㄜˋ　動[離] ごちそうする、おごる
qǐngkè
★请客

893 嚐ㄔㄤˊ　動 味わう、味見する
cháng
★尝

894 吃ㄔ飽ㄅㄠˇ　動 お腹いっぱい食べる
chībǎo
★吃饱

895 煮ㄓㄨˇ　動 煮る、ゆでる
zhǔ

896 烤ㄎㄠˇ　動 焼く、あぶる
kǎo

897 刀ㄉㄠ(子ㄗ˙)　名 ナイフ
dāo(zi)

898 叉ㄔㄚ子ㄗ˙　名 フォーク
chāzi

899 湯ㄊㄤ匙ㄔˊ　名 スプーン、れんげ
tāngchí
★汤匙 / 勺子

我不會點菜。
Wǒ búhuì diǎncài.
私は料理を注文できません。

明天要不要出來吃飯？我請客。
Míngtiān yàobúyào chūlái chīfàn? Wǒ qǐngkè.
明日ご飯を食べに行きませんか？　私がごちそうします。

讓我嚐一口看看。
Ràng wǒ cháng yìkǒu kànkàn.
私に一口味見をさせてください。

吃飽了嗎？
Chībǎo le ma?
お腹はいっぱいになりましたか？

你會煮肉羹麵嗎？
Nǐ huì zhǔ ròugēngmiàn ma?
肉羹麵を作れますか？
※肉羹麵：肉団子と麺の入ったとろみのあるスープ

這家烤鴨店可以外帶。
Zhè jiā kǎoyādiàn kěyǐ wàidài.
この北京ダックの店は持ち帰りができます。

這把菜刀不好用。
Zhè bǎ càidāo bù hǎoyòng.
この包丁は使いづらいです。

有沒有叉子？
Yǒuméiyǒu chāzi?
フォークはありますか？

用湯匙喝湯。
Yòng tāngchí hē tāng.
スプーンでスープを飲みます。

900 筷ㄎㄨㄞˋ子˙ㄗ
kuàizi
名 箸

901 碗ㄨㄢˇ
wǎn
量 ～杯
（お茶、ご飯、お酒、ラーメンなどを数える）

902 盤ㄆㄢˊ
pán
★盘
量 ～皿

903 旅ㄌㄩˇ遊ㄧㄡˊ
lǚyóu
★旅游
動 旅行する
関連▶▶ **旅行**（488）

904 護ㄏㄨˋ照ㄓㄠˋ
hùzhào
★护照
名 パスポート

905 行ㄒㄧㄥˊ李ㄌㄧˇ
xínglǐ
名 荷物

906 博ㄅㄛˊ物ㄨˋ館ㄍㄨㄢˇ
bówùguǎn
★博物馆
名 博物館

907 動ㄉㄨㄥˋ物ㄨˋ園ㄩㄢˊ
dòngwùyuán
★动物园
名 動物園

908 花ㄏㄨㄚ園ㄩㄢˊ
huāyuán
★花园
名 庭園、花園

他學著用筷子。
Tā xuézhe yòng kuàizi.
彼は箸の使い方を学んでいます。

再給我一碗魯肉飯。
Zài gěi wǒ yì wǎn lǔròufàn.
私にもう1杯魯肉飯をください。

一盤炒米粉六十塊。
Yì pán chǎo mǐfěn liùshí kuài.
焼きビーフンは1皿60元です。

現在是旅遊的季節。
Xiànzài shì lǚyóu de jìjié.
今は旅行の季節です。

請出示您的護照。
Qǐng chūshì nín de hùzhào.
パスポートを見せてください。

你只有一件行李嗎？
Nǐ zhǐ yǒu yí jiàn xínglǐ ma?
荷物は1つだけですか？

國立台灣博物館在台北車站附近。
Guólì Táiwān Bówùguǎn zài Táiběi chēzhàn fùjìn.
国立台湾博物館は台北駅の近くにあります。

我想去台北市立動物園。
Wǒ xiǎng qù Táiběishìlì Dòngwùyuán.
私は台北市立動物園に行きたいです。

這個花園現在開滿了玫瑰花。
Zhège huāyuán xiànzài kāimǎnle méiguihuā.
この庭園は今バラが満開です。

909 中(ㄓㄨㄥ)心(ㄒㄧㄣ)
zhōngxīn
名 中心、中央、センター

910 爬(ㄆㄚˊ)
pá
動 登る、這う、起き上がる

911 跳(ㄊㄧㄠˋ)
tiào
動 跳ぶ、跳ねる、飛ばす

912 唱(ㄔㄤˋ)
chàng
動 歌う

913 歌(ㄍㄜ)
gē
名 歌

914 拉(ㄌㄚ)
lā
動 引っ張る、引く、（弦楽器を）弾く

915 樂(ㄩㄝˋ)器(ㄑㄧˋ)
yuèqì
★乐器
名 楽器

916 吉(ㄐㄧˊ)他(ㄊㄚ)
jítā
名 ギター

917 鋼(ㄍㄤ)琴(ㄑㄧㄣˊ)
gāngqín
★钢琴
名 ピアノ

我想找旅遊服務中心。 Wǒ xiǎng zhǎo lǚyóu fúwù zhōngxīn.	私は旅行サービスセンターを探したいです。
爬玉山是許多台灣人的夢想。 Pá Yùshān shì xǔduō Táiwānrén de mèngxiǎng.	玉山に登るのは多くの台湾人の夢です。
我想看跳水比賽。 Wǒ xiǎng kàn tiàoshuǐ bǐsài.	私は飛び込みの試合が見たいです。
你會唱台語歌嗎？ Nǐ huì chàng Táiyǔgē ma?	台湾語の歌を歌えますか？
這首歌台灣人都會唱。 Zhè shǒu gē Táiwānrén dōu huì chàng.	この歌を台湾人はみんな歌えます。
他會拉二胡。 Tā huì lā èrhú.	彼は二胡を弾くことができます。
南管有什麼樂器？ Nánguǎn yǒu shénme yuèqì?	南管にはどんな楽器がありますか？ ※南管：台湾や福建省などで演奏される伝統的な音楽
我想找一本吉他的樂譜。 Wǒ xiǎng zhǎo yì běn jítā de yuèpǔ.	私はギターの楽譜を1冊見つけたいです。
鋼琴的聲音很好聽。 Gāngqín de shēngyīn hěn hǎotīng.	ピアノの音は美しいです。

918 跳ㄊㄧㄠˋ舞ㄨˇ
tiàowǔ

動[離] ダンスをする、踊る

919 小ㄒㄧㄠˇ說ㄕㄨㄛ
xiǎoshuō

★小说

名 小説

920 故ㄍㄨˋ事ㄕˋ
gùshì

名 物語

921 價ㄐㄧㄚˋ格ㄍㄜˊ
jiàgé

★价格

名 価格、値段
関連▶▶ **價錢**

922 價ㄐㄧㄚˋ錢ㄑㄧㄢˊ
jiàqián

★价钱

名 価格、値段
関連▶▶ **價格**

923 付ㄈㄨˋ
fù

動 支払う、渡す

924 毛ㄇㄠˊ
máo

量（お金の単位）～角
関連▶▶ **角**

毛は話し言葉で使われることが多い。

925 信ㄒㄧㄣˋ用ㄩㄥˋ卡ㄎㄚˇ
xìnyòngkǎ

名 クレジットカード

926 超ㄔㄠ級ㄐㄧˊ市ㄕˋ場ㄔㄤˇ
chāojí shìchǎng

★超级市场

名 スーパーマーケット

超市ともいう。

他們在節慶的時候跳舞。
Tāmen zài jiéqìng de shíhòu tiàowǔ.
彼らはお祝いをするときダンスをします。

你喜歡看科幻小說嗎？
Nǐ xǐhuān kàn kēhuàn xiǎoshuō ma?
あなたは SF 小説が好きですか？

這篇故事很有想像力。
Zhè piān gùshì hěn yǒu xiǎngxiànglì.
この物語は想像力に満ちています。

先看價格再決定要不要買。
Xiān kàn jiàgé zài juédìng yàobúyào mǎi.
まず値段を見てから買うかどうか決めます。

這個價錢太貴。
Zhège jiàqián tài guì.
この値段は高すぎます。

您要刷卡還是付現？
Nín yào shuākǎ háishì fùxiàn?
カードで支払われますか、それとも現金で支払われますか？

一毛錢太小，甚至不能打公共電話。
Yì máo qián tài xiǎo, shènzhì bùnéng dǎ gōnggòng diànhuà.
1角は小さすぎて、公衆電話をかけることさえできません。

我想申請這家的信用卡。
Wǒ xiǎng shēnqǐng zhè jiā de xìnyòngkǎ.
私はここのクレジットカードを申し込みたいです。

這附近有兩家超級市場。
Zhè fùjìn yǒu liǎng jiā chāojí shìchǎng.
この近くには2軒のスーパーがあります。

927 袋ㄉㄞˋ子˙ㄗ　名 袋
dàizi

928 交ㄐㄧㄠ通ㄊㄨㄥ　名 交通
jiāotōng

929 汽ㄑㄧˋ車ㄔㄜ　名 自動車
qìchē
関連▶▶ 車（子）(279)
★汽车

930 輛ㄌㄧㄤˋ　量 ～台（自動車を数える）
liàng
★辆

931 停ㄊㄧㄥˊ車ㄔㄜ場ㄔㄤˇ　名 駐車場
tíngchēchǎng
★停车场

932 船ㄔㄨㄢˊ(兒ㄦ)　名 船
chuán(r)
★船（儿）

933 搭ㄉㄚ　動 乗る
dā

934 起ㄑㄧˇ飛ㄈㄟ　動 離陸する、飛び立つ
qǐfēi
★起飞

935 路ㄌㄨˋ口ㄎㄡˇ　名 交差点
lùkǒu

我喜歡這個袋子的原住民圖案。 Wǒ xǐhuān zhège dàizi de yuánzhùmín tú'àn.	私はこの袋の原住民の模様が好きです。
這裡的交通不太方便。 Zhèlǐ de jiāotōng bútài fāngbiàn.	ここの交通はあまり便利ではありません。
汽車不是火車也不是電車。 Qìchē búshì huǒchē yě búshì diànchē.	"汽車(車)"は"火車(汽車)"でもなければ、"電車（電車)"でもありません。
我想租一輛車。 Wǒ xiǎng zū yí liàng chē.	私は車を１台レンタルしたいです。
這裡的停車場很方便。 Zhèlǐ de tíngchēchǎng hěn fāngbiàn.	ここの駐車場は便利です。
我們可以坐船去蘭嶼看飛魚季。 Wǒmen kěyǐ zuò chuán qù Lányǔ kàn fēiyújì.	私たちは船で蘭嶼に行って、飛魚季（トビウオ祭り）を見ることができます。
你可以搭公車去故宮。 Nǐ kěyǐ dā gōngchē qù Gùgōng.	バスに乗って故宮に行くことができます。
飛機即將起飛，請繫好安全帶。 Fēijī jíjiāng qǐfēi, qǐng jìhǎo ānquándài.	飛行機はまもなく離陸します。シートベルトをしっかりとお締めください。
過了這個路口向右轉。 Guòle zhège lùkǒu xiàng yòu zhuǎn.	この交差点を過ぎたら右に曲がってください。

936 紅ㄏㄨㄥˊ綠ㄌㄩˋ燈ㄉㄥ
hónglǜdēng
★红绿灯
名 信号

937 地ㄉㄧˋ球ㄑㄧㄡˊ
dìqiú
名 地球

938 月ㄩㄝˋ亮ㄌㄧㄤˋ
yuèliàng
名 月

939 星ㄒㄧㄥ星˙ㄒㄧㄥ
xīngxing
名 星

940 雲ㄩㄣˊ
yún
★云
名 雲

941 地ㄉㄧˋ
dì
名 土地、大地

942 森ㄙㄣ林ㄌㄧㄣˊ
sēnlín
名 森林

943 草ㄘㄠˇ
cǎo
名 草

944 火ㄏㄨㄛˇ
huǒ
名 火

看到前面的紅綠燈了嗎？
Kàndào qiánmiàn de hónglǜdēng le ma?
前方の信号が見えましたか？

你相信地球以外還有生物嗎？
Nǐ xiāngxìn dìqiú yǐwài hái yǒu shēngwù ma?
あなたは地球以外にも生き物がいると信じますか？

你知道月亮上有兔子嗎？
Nǐ zhīdào yuèliàngshàng yǒu tùzi ma?
月にうさぎがいるのを知っていますか？

我懷念晚上在頂樓看星星的日子。
Wǒ huáiniàn wǎnshàng zài dǐnglóu kàn xīngxing de rìzi.
私は夜に屋上で星を見た日々が懐かしいです。

那朵雲好像一隻恐龍。
Nà duǒ yún hǎoxiàng yì zhī kǒnglóng.
あの雲はまるで恐竜みたいです。

這一帶的土地是原住民的聖地。
Zhè yí dài de tǔdì shì yuánzhùmín de shèngdì.
ここ一帯の土地は原住民の聖地です。

這附近有一片森林。
Zhè fùjìn yǒu yí piàn sēnlín.
この付近には森林があります。

馬愛吃草。
Mǎ ài chī cǎo.
馬は草を食べるのが好きです。

小孩子不要玩火。
Xiǎoháizi búyào wán huǒ.
子供は火で遊んではいけません。

945 晴ㄑㄧㄥˊ天ㄊㄧㄢ
qíngtiān
名 晴天、晴れた空

946 溫ㄨㄣ度ㄉㄨˋ
wēndù
★温度
名 温度

947 雨ㄩˇ
yǔ
名 雨

948 雪ㄒㄩㄝˇ
xuě
名 雪

949 空ㄎㄨㄥ氣ㄑㄧˋ
kōngqì
★空气
名 空気

950 環ㄏㄨㄢˊ境ㄐㄧㄥˋ
huánjìng
★环境
名 環境

951 動ㄉㄨㄥˋ物ㄨˋ
dòngwù
★动物
名 動物

952 牛ㄋㄧㄡˊ
niú
名 牛

953 虎ㄏㄨˇ
hǔ
名 虎

晴天讓人心情愉快。
Qíngtiān ràng rén xīnqíng yúkuài.
晴れた空は人の心をうきうきさせます。

台北十二月的平均溫度幾度？
Táiběi shí'èryuè de píngjūn wēndù jǐ dù?
台北の12月の平均気温は何度ですか？

西北雨是台灣夏天常見的現象。
Xīběiyǔ shì Táiwān xiàtiān chángjiàn de xiànxiàng.
"西北雨（夕立）"は台湾の夏によく見られる現象です。

台灣很少下雪。
Táiwān hěn shǎo xiàxuě.
台湾はめったに雪が降りません。

黃沙飛來，今天空氣不好。
Huángshā fēilái, jīntiān kōngqì bù hǎo.
黄砂が飛んできて、今日は空気がよくありません。

保護環境是一項重要的課題。
Bǎohù huánjìng shì yí xiàng zhòngyào de kètí.
環境保護は重要な課題です。

我最愛的動物是台灣黑熊。
Wǒ zuì ài de dòngwù shì Táiwān hēixióng.
私の一番好きな動物はタイワンツキノワグマです。

牛年你有什麼新希望？
Niúnián nǐ yǒu shénme xīn xīwàng?
牛年にあなたはどんな新しい願いがありますか？

母老虎通常指很兇的女生。
Mǔlǎohǔ tōngcháng zhǐ hěn xiōng de nǚshēng.
"母老虎（メスのトラ）"は一般的にきつい女性を指します。

954 羊 ㄧㄤˊ
yáng
名 羊、ヤギ

955 豬 ㄓㄨ
zhū
★猪
名 豚

956 就 ㄐㄧㄡˋ
jiù
副 すぐに、とっくに、ただ~だけ

957 才 ㄘㄞˊ
cái
副 ~したばかり、~してやっと、ようやく

958 馬ㄇㄚˇ上ㄕㄤˋ
mǎshàng
★马上
副 すぐ

959 當 ㄉㄤ
dāng
★当
前 ~に、~で、~のときに
(出来事が起きたときや場所を表す)

960 正ㄓㄥˋ在ㄗㄞˋ
zhèngzài
副 ちょうど~している、今~しつつある

961 剛ㄍㄤ剛ㄍㄤ
gānggāng
★刚刚
副 ちょうど、~したばかり

962 剛ㄍㄤ才ㄘㄞˊ
gāngcái
★刚才
副 たった今、ついさっき

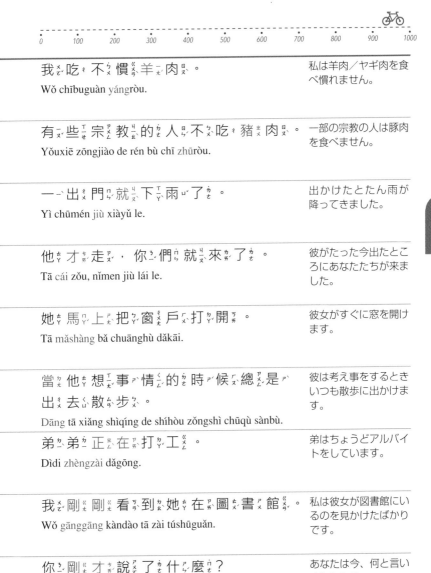

我吃不慣羊肉。
Wǒ chībuguàn yángròu.
私は羊肉／ヤギ肉を食べ慣れません。

有些宗教的人不吃豬肉。
Yǒuxiē zōngjiào de rén bù chī zhūròu.
一部の宗教の人は豚肉を食べません。

一出門就下雨了。
Yì chūmén jiù xiàyǔ le.
出かけたとたん雨が降ってきました。

他才走，你們就來了。
Tā cái zǒu, nǐmen jiù lái le.
彼がたった今出たところにあなたたちが来ました。

她馬上把窗戶打開。
Tā mǎshàng bǎ chuānghù dǎkāi.
彼女がすぐに窓を開けます。

當他想事情的時候總是出去散步。
Dāng tā xiǎng shìqíng de shíhòu zǒngshì chūqù sànbù.
彼は考え事をするときいつも散歩に出かけます。

弟弟正在打工。
Dìdi zhèngzài dǎgōng.
弟はちょうどアルバイトをしています。

我剛剛看到她在圖書館。
Wǒ gānggāng kàndào tā zài túshūguǎn.
私は彼女が図書館にいるのを見かけたばかりです。

你剛才說了什麼？
Nǐ gāngcái shuōle shénme?
あなたは今、何と言いましたか？

963 已ㄧˇ經ㄐㄧㄥ
yǐjīng
★已经
副 すでに

964 然ㄖㄢˊ後ㄏㄡˋ
ránhòu
★然后
副 それから、そのうえで

965 最ㄗㄨㄟˋ
zuì
副 最も、一番

966 更ㄍㄥˋ
gèng
副 さらに、より、いっそう

967 還ㄏㄞˊ
hái
★还
副 まだ、やはり、さらに

968 經ㄐㄧㄥ常ㄔㄤˊ
jīngcháng
★经常
副 しょっちゅう、いつも、常に

969 平ㄆㄧㄥˊ常ㄔㄤˊ
píngcháng
名 日頃、普段

970 總ㄗㄨㄥˇ是ㄕˋ
zǒngshì
★总是
副 いつも

971 一ㄧˋ直ㄓˊ
yìzhí
副 ずっと

客人已經到了。

Kèrén yǐjīng dào le.

お客さんがもう到着しました。

進門前先量體溫，然後消毒手。

Jìnmén qián xiān liáng tǐwēn, ránhòu xiāodú shǒu.

部屋に入る前にまず体温を測って、それから手を消毒してください。

最厲害的是他拿了滿分。

Zuì lìhài de shì tā nále mǎnfēn.

一番すごいのは彼が満点を取ったことです。

更有趣的是，他吃了所有的蛋糕。

Gèng yǒuqù de shì, tā chīle suǒyǒu de dàngāo.

もっと面白いのは、彼がすべてのケーキを食べたことです。

我還想去台灣旅行。

Wǒ hái xiǎng qù Táiwān lǚxíng.

私はまた台湾旅行に行きたいです。

建宏經常去KTV練習唱歌。

Jiànhóng jīngcháng qù KTV liànxí chànggē.

建宏はよくカラオケに行って歌を練習します。

佩珊平常愛在這裡喝一杯咖啡。

Pèishān píngcháng ài zài zhèlǐ hē yì bēi kāfēi.

佩珊は普段よくここでコーヒーを１杯飲みます。

大偉總是在這裡買飯糰當早餐。

Dàwěi zǒngshì zài zhèlǐ mǎi fàntuán dāng zǎocān.

大偉はいつもここでおにぎりを買って朝ごはんにしています。

這幾天一直下雨。

Zhè jǐ tiān yìzhí xiàyǔ.

ここ数日間ずっと雨が降っています。

程度や範囲

972 **永**ㄩㄥˇ**遠**ㄩㄢˇ
yǒngyuǎn
★永远

副 いつまでも、永久に

973 **各**ㄍㄜˋ
gè

形 それぞれ、おのおの、各

974 **又**ㄧㄡˋ
yòu

副 何度も、また

975 **比**ㄅㄧˇ**較**ㄐㄧㄠˋ
bǐjiào
★比较

副 比較的、わりに、かなり

976 **好**ㄏㄠˇ**像**ㄒㄧㄤˋ
hǎoxiàng

副 ～のようだ、～らしい

977 **像**ㄒㄧㄤˋ
xiàng

動 似ている、まるで～のようだ、同じである

978 **差**ㄔㄚˋ**不**˙ㄅㄨ**多**ㄉㄨㄛ
chàbuduō/chābùduō
★ chàbuduō

副 ほとんど、だいたい

979 **一**ㄧˊ**共**ㄍㄨㄥˋ
yígòng

副 合わせて、合計

980 **全**ㄑㄩㄢˊ**部**ㄅㄨˋ
quánbù

名 すべて、全部

披頭四永遠都活在我們心裡。
Pītóusì yǒngyuǎn dōu huózài wǒmen xīnli.
ビートルズはいつまでも私たちの心の中に生きています。

請大家各自到櫃台報到。
Qǐng dàjiā gèzì dào guìtái bàodào.
みなさま、各自カウンターでチェックインしてください。

你又忘記帶傘了。
Nǐ yòu wàngjì dài sǎn le.
あなたはまた傘を持つのを忘れました。

這個顏色比較好看。
Zhège yánsè bǐjiào hǎokàn.
この色はかなりきれいです。

今天好像不用上課。
Jīntiān hǎoxiàng búyòng shàngkè.
今日はどうやら授業に出なくていいようです。

你的孩子很像你。
Nǐ de háizi hěn xiàng nǐ.
お子さんはあなたに似ています。

我花了差不多十天打了這件毛衣。
Wǒ huāle chàbuduō shítiān dǎle zhè jiàn máoyī.
私はだいたい 10 日間かけてこのセーターを編みました。

一共多少錢?
Yígòng duōshǎo qián?
全部でいくらですか?

你是我的全部。
Nǐ shì wǒ de quánbù.
あなたは私のすべてです。

981 所ㄙㄨㄛˇ有ㄧㄡˇ
suǒyǒu
形 すべての、あらゆる

982 任ㄖㄣˋ何ㄏㄜˊ
rènhé
形 いかなる、どのような

983 許ㄒㄩˇ多ㄉㄨㄛ
xǔduō
★许多
形 数多くの、たくさん

984 其ㄑㄧˊ他ㄊㄚ
qítā
名 その他の、別の

985 或ㄏㄨㄛˋ
huò
接 あるいは

986 或ㄏㄨㄛˋ是ㄕˋ
huòshì
接 あるいは、～かそれとも～か

987 但ㄉㄢˋ是ㄕˋ
dànshì
接 しかし、～であるけれども

988 而ㄦˊ且ㄑㄧㄝˇ
érqiě
接 かつ、そのうえ

989 不ㄅㄨˊ但ㄉㄢˋ
búdàn
接 ～だけでなく、～のみならず

請檢查一下所有的隨身行李。 Qǐng jiǎnchá yíxià suǒyǒu de suíshēn xínglǐ.	身の回りのすべての荷物を調べてください。
您有任何需要，請告訴我們。 Nín yǒu rènhé xūyào, qǐng gàosù wǒmen.	どんな要望も私たちにおっしゃってください。
冠宇有許多外國朋友。 Guānyǔ yǒu xǔduō wàiguó péngyǒu.	冠宇は多くの外国の友達がいます。
有沒有其他的選擇？ Yǒuméiyǒu qítā de xuǎnzé?	他の選択肢はありませんか？
不管是小籠包或煎餃我都喜歡。 Bùguǎn shì xiǎolóngbāo huò jiānjiǎo wǒ dōu xǐhuān.	小籠包であろうと焼き餃子であろうとどちらも私は好きです。
明天放假我想去散步或是逛街。 Míngtiān fàngjià wǒ xiǎng qù sànbù huòshì guàngjiē.	明日の休みに散歩に行くか街をぶらつきたいです。
這家素食餐廳好吃但是不便宜。 Zhè jiā sùshí cāntīng hǎochī dànshì bù piányí.	このベジタリアンレストランは味はよいが高いです。
今天風很大而且下雨。 Jīntiān fēng hěn dà érqiě xiàyǔ.	今日は風が強いうえ、雨が降っています。
這家自助餐不但好吃，菜也很多。 Zhè jiā zìzhùcān búdàn hǎochī, cài yě hěn duō.	ここのバイキングはおいしいだけでなく、料理もとてもたくさんあります。

990 雖ㄙㄨㄟ 然ㄖㄢˊ
suīrán
★虽然

接 ～ではあるが

991 如ㄖㄨˊ 果ㄍㄨㄛˇ
rúguǒ

接 もし～なら、～だとすると
＝ 要是

992 要ㄧㄠˋ 是ㄕˋ
yàoshì

接 もし、もし～なら
＝ 如果

993 原ㄩㄢˊ 來ㄌㄞˊ
yuánlái
★原来

副 もともと、当初は、
なんだ～であったのか

994 本ㄅㄣˇ 來ㄌㄞˊ
běnlái
★本来

副 もともと、本来

995 必ㄅㄧˋ 須ㄒㄩ
bìxū
★必须

副 必ず、きっと

996 當ㄉㄤ 然ㄖㄢˊ
dāngrán
★当然

副 当然、もちろん

997 也ㄧㄝˇ 許ㄒㄩˇ
yěxǔ
★也许

副 もしかすると、～かもしれない

998 只ㄓˇ 好ㄏㄠˇ
zhǐhǎo

副 ～するしかない、やむをえず、
～せざるをえない

雖然下雨，還是得去上班。

Suīrán xiàyǔ, háishì děi qù shàngbān.

雨が降っていますが、それでも会社に行かなければなりません。

如果我是你，我會把握這個機會。

Rúguǒ wǒ shì nǐ, wǒ huì bǎwò zhège jīhuì.

もし私があなたなら、私はこの機会を掴みます。

要是我是你，我不會這麼做。

Yàoshì wǒ shì nǐ, wǒ búhuì zhème zuò.

もし私があなたなら、私はそうはしません。

原來他是你哥哥。

Yuánlái tā shì nǐ gēge.

なんだ、彼はあなたのお兄さんだったのか。

欣怡本來是一個公務員。

Xīnyí běnlái shì yí ge gōngwùyuán.

欣怡はもともと公務員でした。

我們最後必須面對現實。

Wǒmen zuìhòu bìxū miànduì xiànshí.

私たちは最後には必ず現実と向き合わなければなりません。

你當然可以說出自己的意見。

Nǐ dāngrán kěyǐ shuōchū zìjǐ de yìjiàn.

あなたはもちろん自分の意見を言うことができます。

也許他不知道什麼是豬血糕。

Yěxǔ tā bù zhīdào shénme shì zhūxiěgāo.

もしかすると彼は猪血糕とは何か知らないかもしれません。

※猪血糕：蒸したもち米に豚の血を加えて固めたもの

老闆不在，他只好改天再來。

Lǎobǎn bú zài, tā zhǐhǎo gǎitiān zài lái.

社長がいないので、彼は日を改めてまた来るしかありません。

その他

999 **被** ㄅㄟˋ
bèi

助 ～に～される、～から～される

1000 **起** ㄑㄧˇ
qǐ

★起

助 ～から

1001 **啊** ˙ㄚ / **啊** ㄚ
a/ā

助 （文末において語気を強調する）、（疑問や驚きなどの語気を表す）

1002 **讓** ㄖㄤˋ
ràng

★让

前 ～に～させる、～に～してもらう

1003 **把** ㄅㄚˇ
bǎ

前 ～を

錢包被小偷拿走了。
Qiánbāo bèi xiǎotōu názǒu le.
財布は泥棒に持って行かれました。

明日起暫停營業。
Míngrì qǐ zhàntíng yíngyè.
明日からしばらく営業を停止します。

真是太誇張了啊。
Zhēnshì tài kuāzhāng le a.
まったく大げさすぎるよ。

讓我說明一下。
Ràng wǒ shuōmíng yíxià.
私に説明させてください。

弟弟把我的愛玉吃掉了。
Dìdi bǎ wǒ de àiyù chīdiào le.
弟は私の愛玉を食べてしまいました。
※愛玉：クワ科の植物の種から作るゼリー

TOCFLとは？

「TOCFL（華語文能力測驗）」は台湾華語の能力を測定する、中国語を母語としない人を対象とした試験です。台湾華語学習者の日常生活における言語使用能力を測ることを目的とし、台湾の「國家華語測驗推動工作委員會」が開発を行っています。台湾以外に、日本国内でも受験が可能です。

どんなことに役立つ？

合格者には成績証明が与えられ、下記のような用途に使用することができます。

◉「台湾奨学金」申請時の華語能力の証明
◉台湾の大学や専門学校などへの華語能力の証明
◉就職活動の際の華語能力の証明

各級のレベルと受験対象者の目安

試験はレベル順にBand A、Band B、Band Cの3段階に分かれており、さらに入門者を対象とした準備級の試験があります。それぞれの試験では得点によってさらに2つの段階にレベル判定されます。各レベルの受験対象者の目安は右ページの表をご参照ください。

レベル	受験対象者の目安
準備級 準備1級 準備2級	非華語圏での学習時間が60～240時間 基本文法および300語の基礎語彙を備える人
Band A 入門級 基礎級	台湾での学習時間が120～360時間 他の国や地域での学習時間が240～720時間 基礎文法および500～1,000語の基礎語彙を備える人
Band B 進階級 高階級	台湾での学習時間が360～960時間 他の国や地域での学習時間が720～1,920時間 2,500～5,000語の語彙を備える人
Band C 流利級 精通級	台湾での学習時間が960時間以上 他の国や地域での学習時間が1,920時間以上 8,000語の語彙を備える人

試験の大まかな内容

すべてのBandで聴解問題と読解問題が50問ずつ、合計100問出題されます。試験時間はそれぞれ60分で、合計120分です。準備級のみ、25問ずつ合計50問出題され、試験時間は25分ずつ合計50分となっています。

台湾の実施委員会が運営している公式サイトでは模擬試験のダウンロードや無料オンライン模試の受験が可能です。受験をお考えの方は「華語文能力測驗 官網」(https://tocfl.edu.tw)にアクセスし、ぜひご活用ください。

本ページの掲載内容は2021年10月時点での情報です。最新の情報は公式ホームページでご確認ください。
参考：「華語文能力測驗 官網」
「台湾華語（中国語）能力検定試験 - TOCFL公式サイト」

注音符号とピンインの対照表

ㄅㄚ ba	ㄇㄣ men	ㄊㄚ ta	ㄋㄩㄝ nüe	ㄍㄨㄢ guan
ㄅㄛ bo	ㄇㄤ mang	ㄊㄜ te		ㄍㄨㄣ gun
ㄅㄞ bai	ㄇㄥ meng	ㄊㄞ tai	ㄌㄚ la	ㄍㄨㄤ guang
ㄅㄟ bei	ㄇㄧ mi	ㄊㄠ tao	ㄌㄜ le	ㄍㄨㄥ gong
ㄅㄠ bao	ㄇㄧㄝ mie	ㄊㄡ tou	ㄌㄞ lai	
ㄅㄢ ban	ㄇㄧㄠ miao	ㄊㄢ tan	ㄌㄟ lei	ㄎㄚ ka
ㄅㄣ ben	ㄇㄧㄡ miu	ㄊㄤ tang	ㄌㄠ lao	ㄎㄜ ke
ㄅㄤ bang	ㄇㄧㄢ mian	ㄊㄥ teng	ㄌㄡ lou	ㄎㄞ kai
ㄅㄥ beng	ㄇㄧㄣ min	ㄊㄧ ti	ㄌㄢ lan	ㄎㄠ kao
ㄅㄧ bi	ㄇㄧㄥ ming	ㄊㄧㄝ tie	ㄌㄤ lang	ㄎㄡ kou
ㄅㄧㄝ bie	ㄇㄨ mu	ㄊㄧㄠ tiao	ㄌㄥ leng	ㄎㄢ kan
ㄅㄧㄠ biao		ㄊㄧㄢ tian	ㄌㄧ li	ㄎㄣ ken
ㄅㄧㄢ bian	ㄈㄚ fa	ㄊㄧㄥ ting	ㄌㄧㄚ lia	ㄎㄤ kang
ㄅㄧㄣ bin	ㄈㄛ fo	ㄊㄨ tu	ㄌㄧㄝ lie	ㄎㄥ keng
ㄅㄧㄥ bing	ㄈㄟ fei	ㄊㄨㄛ tuo	ㄌㄧㄠ liao	ㄎㄨ ku
ㄅㄨ bu	ㄈㄡ fou	ㄊㄨㄟ tui	ㄌㄧㄡ liu	ㄎㄨㄚ kua
	ㄈㄢ fan	ㄊㄨㄢ tuan	ㄌㄧㄢ lian	ㄎㄨㄛ kuo
ㄆㄚ pa	ㄈㄣ fen	ㄊㄨㄣ tun	ㄌㄧㄣ lin	ㄎㄨㄞ kuai
ㄆㄛ po	ㄈㄤ fang	ㄊㄨㄥ tong	ㄌㄧㄤ liang	ㄎㄨㄟ kui
ㄆㄞ pai	ㄈㄥ feng		ㄌㄧㄥ ling	ㄎㄨㄢ kuan
ㄆㄟ pei	ㄈㄨ fu	ㄋㄚ na	ㄌㄨ lu	ㄎㄨㄣ kun
ㄆㄠ pao		ㄋㄜ ne	ㄌㄨㄛ luo	ㄎㄨㄤ kuang
ㄆㄡ pou	ㄉㄚ da	ㄋㄞ nai	ㄌㄨㄢ luan	ㄎㄨㄥ kong
ㄆㄢ pan	ㄉㄜ de	ㄋㄟ nei	ㄌㄨㄣ lun	
ㄆㄣ pen	ㄉㄞ dai	ㄋㄠ nao	ㄌㄨㄥ long	ㄏㄚ ha
ㄆㄤ pang	ㄉㄟ dei	ㄋㄡ nou	ㄌㄩ lü	ㄏㄜ he
ㄆㄥ peng	ㄉㄠ dao	ㄋㄢ nan	ㄌㄩㄝ lüe	ㄏㄞ hai
ㄆㄧ pi	ㄉㄡ dou	ㄋㄣ nen		ㄏㄟ hei
ㄆㄧㄝ pie	ㄉㄢ dan	ㄋㄤ nang	ㄍㄚ ga	ㄏㄠ hao
ㄆㄧㄠ piao	ㄉㄤ dang	ㄋㄥ neng	ㄍㄜ ge	ㄏㄡ hou
ㄆㄧㄢ pian	ㄉㄥ deng	ㄋㄧ ni	ㄍㄞ gai	ㄏㄢ han
ㄆㄧㄣ pin	ㄉㄧ di	ㄋㄧㄝ nie	ㄍㄟ gei	ㄏㄣ hen
ㄆㄧㄥ ping	ㄉㄧㄝ die	ㄋㄧㄠ niao	ㄍㄠ gao	ㄏㄤ hang
ㄆㄨ pu	ㄉㄧㄠ diao	ㄋㄧㄡ niu	ㄍㄡ gou	ㄏㄥ heng
	ㄉㄧㄡ diu	ㄋㄧㄢ nian	ㄍㄢ gan	ㄏㄨ hu
ㄇㄚ ma	ㄉㄧㄢ dian	ㄋㄧㄣ nin	ㄍㄣ gen	ㄏㄨㄚ hua
ㄇㄛ mo	ㄉㄧㄥ ding	ㄋㄧㄤ niang	ㄍㄤ gang	ㄏㄨㄛ huo
ㄇㄜ me	ㄉㄨ du	ㄋㄧㄥ ning	ㄍㄥ geng	ㄏㄨㄞ huai
ㄇㄞ mai	ㄉㄨㄛ duo	ㄋㄨ nu	ㄍㄨ gu	ㄏㄨㄟ hui
ㄇㄟ mei	ㄉㄨㄟ dui	ㄋㄨㄛ nuo	ㄍㄨㄚ gua	ㄏㄨㄢ huan
ㄇㄠ mao	ㄉㄨㄢ duan	ㄋㄨㄢ nuan	ㄍㄨㄛ guo	ㄏㄨㄣ hun
ㄇㄡ mou	ㄉㄨㄣ dun	ㄋㄨㄥ nong	ㄍㄨㄞ guai	ㄏㄨㄤ huang
ㄇㄢ man	ㄉㄨㄥ dong	ㄋㄩ nü	ㄍㄨㄟ gui	ㄏㄨㄥ hong

ㄐㄧ ji	ㄒㄩㄥ xiong	ㄕ shi	ㄗㄣ zen	ㄚ a
ㄐㄧㄚ jia		ㄕㄚ sha	ㄗㄤ zang	ㄜ e
ㄐㄧㄝ jie	ㄓ zhi	ㄕㄜ she	ㄗㄥ zeng	ㄞ ai
ㄐㄧㄠ jiao	ㄓㄚ zha	ㄕㄞ shai	ㄗㄨ zu	ㄠ ao
ㄐㄧㄡ jiu	ㄓㄜ zhe	ㄕㄟ shei	ㄗㄨㄛ zuo	ㄡ ou
ㄐㄧㄢ jian	ㄓㄞ zhai	ㄕㄠ shao	ㄗㄨㄟ zui	ㄢ an
ㄐㄧㄣ jin	ㄓㄟ zhei	ㄕㄡ shou	ㄗㄨㄢ zuan	ㄣ en
ㄐㄧㄤ jiang	ㄓㄠ zhao	ㄕㄢ shan	ㄗㄨㄣ zun	ㄤ ang
ㄐㄧㄥ jing	ㄓㄡ zhou	ㄕㄣ shen	ㄗㄨㄥ zong	ㄥ eng
ㄐㄩ ju	ㄓㄢ zhan	ㄕㄤ shang		ㄦ er
ㄐㄩㄝ jue	ㄓㄣ zhen	ㄕㄥ sheng	ㄘ ci	
ㄐㄩㄢ juan	ㄓㄤ zhang	ㄕㄨ shu	ㄘㄚ ca	ㄧ yi
ㄐㄩㄣ jun	ㄓㄥ zheng	ㄕㄨㄚ shua	ㄘㄜ ce	ㄧㄚ ya
ㄐㄩㄥ jiong	ㄓㄨ zhu	ㄕㄨㄛ shuo	ㄘㄞ cai	ㄧㄛ yo
	ㄓㄨㄚ zhua	ㄕㄨㄞ shuai	ㄘㄠ cao	ㄧㄝ ye
ㄑㄧ qi	ㄓㄨㄛ zhuo	ㄕㄨㄟ shui	ㄘㄡ cou	ㄧㄞ yai
ㄑㄧㄚ qia	ㄓㄨㄞ zhuai	ㄕㄨㄢ shuan	ㄘㄢ can	ㄧㄠ yao
ㄑㄧㄝ qie	ㄓㄨㄟ zhui	ㄕㄨㄣ shun	ㄘㄣ cen	ㄧㄡ you
ㄑㄧㄠ qiao	ㄓㄨㄢ zhuan	ㄕㄨㄤ shuang	ㄘㄤ cang	ㄧㄢ yan
ㄑㄧㄡ qiu	ㄓㄨㄣ zhun		ㄘㄥ ceng	ㄧㄣ yin
ㄑㄧㄢ qian	ㄓㄨㄤ zhuang	ㄖ ri	ㄘㄨ cu	ㄧㄤ yang
ㄑㄧㄣ qin	ㄓㄨㄥ zhong	ㄖㄜ re	ㄘㄨㄛ cuo	ㄧㄥ ying
ㄑㄧㄤ qiang		ㄖㄠ rao	ㄘㄨㄟ cui	
ㄑㄧㄥ qing	ㄔ chi	ㄖㄡ rou	ㄘㄨㄢ cuan	ㄨ wu
ㄑㄩ qu	ㄔㄚ cha	ㄖㄢ ran	ㄘㄨㄣ cun	ㄨㄚ wa
ㄑㄩㄝ que	ㄔㄜ che	ㄖㄣ ren	ㄘㄨㄥ cong	ㄨㄛ wo
ㄑㄩㄢ quan	ㄔㄞ chai	ㄖㄤ rang		ㄨㄞ wai
ㄑㄩㄣ qun	ㄔㄠ chao	ㄖㄥ reng	ㄙ si	ㄨㄟ wei
ㄑㄩㄥ qiong	ㄔㄡ chou	ㄖㄨ ru	ㄙㄚ sa	ㄨㄢ wan
	ㄔㄢ chan	ㄖㄨㄛ ruo	ㄙㄜ se	ㄨㄣ wen
ㄒㄧ xi	ㄔㄣ chen	ㄖㄨㄟ rui	ㄙㄞ sai	ㄨㄤ wang
ㄒㄧㄚ xia	ㄔㄤ chang	ㄖㄨㄢ ruan	ㄙㄠ sao	ㄨㄥ weng
ㄒㄧㄝ xie	ㄔㄥ cheng	ㄖㄨㄣ run	ㄙㄡ sou	
ㄒㄧㄠ xiao	ㄔㄨ chu	ㄖㄨㄥ rong	ㄙㄢ san	ㄩ yu
ㄒㄧㄡ xiu	ㄔㄨㄛ chuo		ㄙㄣ sen	ㄩㄝ yue
ㄒㄧㄢ xian	ㄔㄨㄞ chuai	ㄗ zi	ㄙㄤ sang	ㄩㄢ yuan
ㄒㄧㄣ xin	ㄔㄨㄟ chui	ㄗㄚ za	ㄙㄥ seng	ㄩㄣ yun
ㄒㄧㄤ xiang	ㄔㄨㄢ chuan	ㄗㄜ ze	ㄙㄨ su	ㄩㄥ yong
ㄒㄧㄥ xing	ㄔㄨㄣ chun	ㄗㄞ zai	ㄙㄨㄛ suo	
ㄒㄩ xu	ㄔㄨㄤ chuang	ㄗㄟ zei	ㄙㄨㄟ sui	
ㄒㄩㄝ xue	ㄔㄨㄥ chong	ㄗㄠ zao	ㄙㄨㄢ suan	
ㄒㄩㄢ xuan		ㄗㄡ zou	ㄙㄨㄣ sun	
ㄒㄩㄣ xun		ㄗㄢ zan	ㄙㄨㄥ song	

動 動く	動	702
名 牛	牛	952
名 うしろ	後（面）	117
名 歌	歌	913
動 歌う	唱	912
動[離] 歌を歌う	唱歌	270
形 美しい	好看	145
形 美しい	漂亮	146
形 美しい	美	622
形 美しい	美麗	623
名 腕時計	手錶	757
名 馬	馬	509
動 生まれる	出生	808
名 海	海	289
名 海辺	海邊	358
動 売る	賣	272
形 うれしい	高興	148
名 運転手	司機	454
名 運動	運動	269
名 運動場	操場	825
動 運動する	運動	268
え		
名 絵	畫（兒）	493
名 映画	電影	261
名 映画館	電影院	478
動 影響する	影響	751
名 英語	英文	230
名 駅	車站	498
名 エレベーター	電梯	420
動 （絵を）描く	畫	262
名 演技	表演	479
名 鉛筆	鉛筆	844
お		
形 おいしい	好吃	246
形 老いた	老	388
名 応接間	客廳	212
形 多い	多	140
形 大きい	大	134
形 大声である	大聲	811
名 お母さん	媽媽	044
名 お金	錢	273
動 起き上がる	起來	697
名 お客さん	客人	861
動 起きる	起床	214

動 置く	放	188
動 送る	送	191
動 遅れる	遲到	855
動[離] 怒る	生氣	663
動 教える	教	852
動[離] 教える	教書	853
形 遅い	慢	139
動 恐れる	怕	669
形 恐ろしい	可怕	670
名 お茶	茶	256
名 お父さん	爸爸	043
名 弟	弟弟	046
名 男の人	男人	524
形 劣っている	差	654
名 一昨日	前天	553
名 大人	大人	526
名 お腹	肚子	373
動 お腹いっぱい食べる	吃飽	894
形 お腹がいっぱいである	飽	641
形 お腹が空いている	餓	470
形 同じである	一樣	147
名 オフィス	辦公室	450
動 覚えている	記得	394
形 重い	重	619
形 面白い	有趣	150
名 おやつ	點心	871
名 お湯	開水	879
動[離] 泳ぐ	游泳	406
動 降りる	下	691
動 終わる	結束	748
動 終わる	完	749
名 おわん	碗	474
名 音楽	音樂	263
名 温度	溫度	946
名 女の人	女人	525
か		
助 ～か？	嗎	010
名 カード	卡片	773
量 ～回	次	075
量 ～回	遍	545
量 ～階	樓	338
名 階下	樓下	368
動[離] 会議をする	開會	865
名 外国	外國	590

名 会社	公司	240
名 階上	樓上	367
名 階段	樓梯	786
形 快適である	舒服	391
動 回復する	恢復	614
動 買う	買	271
動[離] 帰っていく	回去	696
名 顔	臉	596
形 香りがよい	香	890
名 価格	價格	921
名 価格	價錢	922
名 科学	科學	441
名 鍵	鑰匙	756
量 ～角	毛	924
動 書く	寫	179
名 家具	家具	426
名 学生	學生	223
名 学年	年級	221
名 学費	學費	828
動 掛ける	掛	715
名 華語	華語	439
名 華語	華文	440
形 賢い	聰明	646
形 数多くの	許多	983
名 風	風	290
動 風邪をひく	感冒	376
名 家族	家人	334
接 かつ	而且	988
動 勝つ	贏	486
名 ～月	月	091
名 学期	學期	827
名 楽器	樂器	915
形 活気にあふれている	熱鬧	637
名 学校	學校	218
動[離] 学校が始まる	開學	847
名 活動	活動	792
名 かっぱ	雨衣	762
名 家庭	家庭	533
副 必ず	一定	395
副 必ず	必須	995
名 可能性	可能	803
代 彼女	她	026
代 彼女たち	她們	031
名 壁	牆	787

動 ～がほしい	要	015
名 紙	紙	207
名 髪の毛	頭髮	370
名 カメラ	照相機	490
助動 ～かもしれない	可能	319
前 ～から	從	328
前 ～から	離	329
助 ～から	起	1000
形 辛い	辣	886
名 体	身體	131
動 借りる	借	712
形 軽い	輕	618
代 彼	他	025
代 彼ら	他們	030
名 川	河	288
形 かわいい	可愛	389
形 かわいそうである	可憐	672
形 乾いている	乾	628
名 革かばん	皮包	766
動 変わる	轉	705
動 変わる	變	746
名 感覚	感覺	688
名 環境	環境	950
名 関係	關係	534
動 歓迎する	歡迎	393
名 看護師	護士	455
名 漢字	漢字	834
動 感謝する	謝謝	018
動 感謝する	感謝	661
動 関心を持つ	關心	674
動 管理する	管理	736
き		
名 木	樹	292
名 黄色	黃色	418
動 記憶する	記	678
名 機会	機會	802
動 聞く	聽	176
形 危険である	危險	633
名 汽車	火車	497
名 記者	記者	858
名 北	北	583
名 北	北邊	585
名 ギター	吉他	916
形 汚い	髒	630

動 気づく	發現	679
名 昨日	昨天	084
名 気分	心情	687
形 奇妙である	奇怪	644
動 決める	決定	735
名 気持ち	心	686
量 ～脚	張	074
名 キャンパス	校園	824
名 9	九	062
名 救急車	救護車	609
動 （球技を）する	打	266
動[離] 旧正月や新年を迎える	過年	818
名 牛乳	牛奶	468
名 今日	今天	082
名 教会	教堂	594
名 教科書	課本	445
名 餃子	餃子	458
名 教師	教師	822
名 教室	教室	437
名 興味	興趣	689
名 去年	去年	081
動 切る	剪	817
動 着る	穿	206
形 きれいである	乾淨	629
量 ～kg	公斤	339
量 ～km	公里	547
名 銀行	銀行	361
形 緊張している	緊張	390
く		
名 空気	空氣	949
名 空港	機場	500
名 クーラー	冷氣（機）	409
名 草	草	943
名 薬	藥	133
名 果物	水果	465
名 口	嘴巴	598
名 靴	鞋子	204
名 靴下	襪子	415
名 国	國	589
名 首	脖子	599
名 雲	雲	940
名 クラス	班	830
動 来る	來	164
名 車	車（子）	279
動[離] 車を運転する	開車	280
名 クレジットカード	信用卡	925
名 黒	黑色	771
け		
名 経営者	經理	857
名 計画	計畫／計劃	867
名 経験	經驗	805
名 警察	警察	362
動 計算する	算	725
名 芸術	藝術	838
名 携帯電話	手機	201
名 ケーキ	蛋糕	464
動[離] 怪我をする	受傷	377
名 決定	決定	396
動 蹴る	踢	400
量 ～元	元	274
量 ～元	塊	275
動 見学する	參觀	489
名 言語	語言	438
名 健康	健康	603
動[離] 結婚する	結婚	432
動 検査する	檢查	737
こ		
名 5	五	058
名 公園	公園	359
動 交換する	換	189
名 交差点	十字路口	502
名 交差点	路口	935
名 工場	工廠	452
名 紅茶	紅茶	880
名 校長	校長	823
名 交通	交通	928
形 幸福である	幸福	659
名 声	聲音	812
名 コート	外套	764
名 コーヒー	咖啡	255
名 顧客	顧客	862
名 黒板	黑板	444
名 ここ	這裡	107
名 ここ	這兒	108
名 ここ	這邊	568
名 午後	下午	098
動[離] 心を痛める	傷心	667
名 午前	上午	096

動 答える	回答	402
動[離] ごちそうする	請客	892
名 国家	國家	355
名 コップ	杯子	476
名 事	事情	798
名 事柄	事	797
名 今年	今年	079
名 子供	孩子	050
名 子供	小孩	333
代 この	這	001
名 米	米	870
代 これらの	這些	513
動 壊れる	壞	383
副 こんなに	這麼	515
名 コンピューター	電腦	200
さ		
量 ～歳	歲	072
名 最近	最近	565
名 最後	最後	566
名 財布	錢包	755
動 探す	找	182
名 魚	魚	250
副 先に	先	105
名 酒	酒	253
名 座席	座位	794
量 ～冊	本	073
名 サッカー	足球	480
名 雑誌	雜誌	776
名 砂糖	糖	883
形 寒い	冷	137
フ さようなら	再見	019
名 皿	盤子	475
量 ～皿	盤	902
副 さらに	更	966
形 騒がしい	吵	638
名 3	三	056
名 ～さん	小姐	041
名 ～さん	先生	042
動 参加する	參加	194
動 賛成する	同意	734
名 サンドイッチ	三明治	874
動[離] 散歩する	散步	814
し		
名 市	市	591

名 字	字	233
量 ～時	點	100
量 ～時	點鐘	348
名 試合	比賽	484
名 ジーンズ	牛仔褲	760
名 塩	鹽	882
形 塩辛い	鹹	885
接 しかし	可是	312
接 しかし	但是	987
名 時間	時間	557
名 ～時間	小時	347
名 ～時間	鐘頭	560
形 時間がある	有空（兒）	639
名 試験	考試	228
名 仕事	工作	239
形 静かである	安靜	386
名 下	下（面）	114
助動 ～したい	想	154
接 したがって	所以	315
名 下着	內衣	761
助 ～したことがある	過	325
副 ～したばかり	才	957
動 ～し尽くす	光	750
動 知っている	知道	151
動 知っている	認識	152
副 ～していない	沒有	517
助 ～している	著	322
副 ～している	在	352
動 ～してください	請	016
名 字典	字典	843
名 自転車	腳踏車	494
名 自転車	自行車	495
名 自動車	汽車	929
副 ～しない	不	008
副 ～しなくてよい	不用	682
助動 ～しなければならない	要	155
動 死ぬ	死	723
動 支払う	付	923
代 自分	自己	522
動 閉まる	關	401
名 写真	照片	265
動[離] 写真を撮る	照相	491
名 シャツ	襯衫	758
名 10	十	063

名 習慣	習慣	806
名 週間	禮拜	555
名 住所	地址	587
名 ジュース	果汁	469
名 週末	週末	088
形 重要である	重要	385
名 授業	課	831
動[離] 授業が終わる	下課	227
動[離] 授業に出る	上課	226
名 宿題	作業	442
名 宿題	功課	443
動[離] 出勤する	上班	448
動 出発する	出發	698
量 ～種類	種	544
動 準備する	準備	183
動 紹介する	介紹	193
名 小学生	小學生	820
名 小学校	小學	435
名 定規	尺	845
名 小説	小說	919
名 情報	消息	780
名 職業	職業	856
名 食事	飯	247
名 食事	餐	869
名 女性	女	037
名 女性	女生	332
副 しょっちゅう	經常	968
名 書店	書店	593
名 書道	書法	839
動 知らせる	通知	732
名 白	白色	419
形 真剣である	認真	647
名 信号	紅綠燈	936
動[離] 診察する	看病	612
名 寝室	臥室	789
動 信じる	相信	673
形 新鮮である	新鮮	889
名 新年	新年	342
動[離] 心配する	擔心	662
名 新聞	報紙	410
名 進歩	進步	741
名 森林	森林	942
す		
名 図	圖片	492
名 スイカ	西瓜	878
名 数学	數學	231
名 スーパーマーケット	超級市場	926
名 スープ	湯	460
名 スカート	裙子	416
動 好きである	喜歡	157
副 ～すぎる	太	297
動 過ぎる	過	405
動 過ぎる	經過	700
名 すぐ	一會（兒）	562
副 すぐ	馬上	958
形 少ない	少	141
副 すぐに	就	956
副 少し	一點（兒）	306
形 健やかである	健康	374
形 涼しい	涼快	625
動 進む	進	694
副 ずっと	一直	971
形 すっぱい	酸	887
名 ステーキ	牛排	872
副 すでに	已經	963
形 すばらしい	不錯	384
名 スプーン	湯匙	899
助動 ～すべきだ	應該	681
名 すべて	全部	980
形 すべての	所有	981
名 ズボン	褲子	205
動 住む	住	213
動 する	做	161
助動 ～する気がある	願意	685
副 ～するしかない	只好	998
助動 ～するつもりである	打算	684
副 ～するな	別	683
動 座る	坐	173
せ		
名 生活	生活	195
動 成功する	成功	742
名 政治	政治	779
名 成績	成績	829
名 晴天	晴天	945
名 西部	西部	578
名 セーター	毛衣	759
名 世界	世界	588
動 咳をする	咳嗽	605

動[離] 世間話をする	聊天（兒）	810
名 説明	解釋	804
名 背中	背	600
形 背の低い	矮	381
名 0	零	064
名 千	千	336
名 先生	老師	222
名 洗濯機	洗衣機	753
そ		
動 掃除する	打掃	816
量 ～足	雙	076
名 そこ	那裡	109
名 そこ	那兒	110
名 そこ	那邊	569
動[離] 卒業する	畢業	851
名 外	外（面）	115
代 その	那	002
名 その他の	其他	984
名 そば、かたわら	旁邊	120
名 そば	邊（兒）	567
名 祖父	爺爺	531
名 ソファー	沙發	429
名 祖母	奶奶	532
名 空	天	285
名 それから	後來	564
副 それから	然後	964
形 それぞれ	各	973
接 それとも	還是	313
代 それらの	那些	514
副 そんなに	那麼	516
た		
動 ～だ	是	004
名 第～	第	070
量 ～台	輛	930
名 体育	體育	841
名 大学	大學	219
名 大学	學院	826
名 大学生	大學生	821
動[離] 退勤する	下班	864
フ 大丈夫である	沒關係	021
名 台所	廚房	422
名 太陽	太陽	505
名 台湾	台灣	124
形 高い	高	144

形 高い	貴	276
副 たくさん	多	305
名 タクシー	計程車	496
副 ～だけ	只	304
接 ～だけでなく	不但	989
動 出す	出	692
動 尋ねる	問	177
動 ～だそうだ	聽說	727
形 正しい	對	635
動 立つ	站	172
副 たった今	剛才	962
形 楽しい	快樂	149
形 楽しい	愉快	657
形 楽しい	開心	658
名 食べ物	食物	456
動 食べる	吃	245
名 卵	蛋	461
動 試す	試	719
動 足りる	夠	642
疑 誰	誰	033
形 単純である	簡單	631
名 誕生日	生日	089
名 ダンスパーティー	舞會	793
動[離] ダンスをする	跳舞	918
名 男性	男	036
名 男性	男生	331
ち		
形 小さい	小	135
形 近い	近	128
形 違う	不同	653
名 地下鉄	地鐵	282
名 地球	地球	937
名 チケット	票	264
名 地図	地圖	413
名 父親	父親	528
量 ～着	件	077
動 注意する	注意	397
形 注意深い	小心	503
名 中学校	中學	220
名 中華まん	包子	457
名 中国	中國	125
名 中国語	中文	832
名 中国語	漢語	833
名 駐車場	停車場	931

日本語	中国語	番号
名 中心	中心	909
副 ちょうど	剛剛	961
副 ちょうど〜している	正在	960
名 チョコレート	巧克力	463
フ ちょっとお尋ねしますが	請問	017
動 賃貸しする	租	713
つ		
動 使う	用	162
形 疲れている	累	244
名 月	月亮	938
動 告げる	告訴	731
名 妻	太太	049
形 つまらない	無聊	671
形 つらい	辛苦	665
形 つらい	難過	666
て		
名 手	手	130
前 〜で	在	106
名 庭園	花園	908
動 停止する	停	703
名 出入口	門	211
名 出入口	門口	783
名 テーブル	桌（子）	428
名 手紙	信	208
助動 〜できる	會	316
助動 〜できる	能	317
助動 〜できる	可以	318
名 出口	出口	782
動[離] 手伝う	幫忙	407
動 手伝う	幫	708
動 出てくる	出來	693
名 テニス	網球	482
名 手の指	手指（頭）	372
接 〜ではあるが	雖然	990
動 出る	出去	171
名 テレビ	電視（機）	199
名 天気	天氣	286
動 伝言を残す	留言	813
名 店主	老闆 / 老板	477
名 電話	電話	197
フ 電話をかける	打電話	198
と		
接 〜と〜	和	310
接 〜と〜	跟	311

日本語	中国語	番号
量 〜度	度	546
名 トイレ	洗手間	423
名 トイレ	廁所	424
フ どういたしまして	不客氣	434
名 同級生	同學	819
動[離] 登校する	上學	436
フ どうしたのか	怎麼了	518
フ どうしよう	怎麼辦	519
副 当然	當然	996
動 到着する	到	165
名 東部	東部	575
名 動物	動物	951
名 動物園	動物園	907
疑 どうやって	怎麼	012
名 同僚	同事	451
名 道路	路	283
名 道路	馬路	501
動 討論する	討論	733
形 遠い	遠	129
動 〜と思う	認為	675
動 〜と思う	覺得	156
動 通り過ぎていく	過去	701
副 ときどき	有時候	351
形 特別である	特別	651
疑 どこ	哪裡	111
疑 どこ	哪兒	112
名 年	年紀	535
名 都市	城市	356
名 図書館	圖書館	236
名 土地	地	941
副 とても	很	294
副 とても	好	298
疑 どの	哪	003
動 跳ぶ	跳	911
名 友達	朋友	053
名 虎	虎	953
名 鳥	鳥	510
動 努力する	努力	740
副 どれも	都	303
名 泥棒	小偷	795
疑 どんな	怎麼樣	013
な		
名 ナイフ	刀（子）	897
名 中	裡面	354

名 中	裡	572
形 長い	長	143
形 長い	久	350
動 中に入る	進去	695
動 泣く	哭	668
動 なくす	掉	716
動 なくす	丟	717
疑 なぜ	為什麼	014
接 なぜなら	因為	314
名 夏	夏天	344
名 夏	夏	550
名 夏休み	暑假	849
名 7	七	060
疑 何	什麼	011
名 名前	名字	038
動 (名前は) ～という	叫	040
動 慣れる	習慣	738
副 何度も	又	974
名 南部	南部	581
に		
名 2	二	055
前 ～に	給	327
前 ～に	當	959
形 苦い	苦	888
名 肉	肉	249
前 ～に～させる	讓	1002
助 ～に～される	被	999
名 西	西	577
名 西	西邊	579
名 ～日	日	092
量 ～日	號	093
量 ～日	天	094
名 日曜日	星期天	086
名 日曜日	星期日	087
名 日曜日	禮拜天	556
動 似ている	像	977
名 日本	日本	126
前 ～に向かって	往	330
名 荷物	行李	905
名 ニュース	新聞	777
動 煮る	煮	895
名 鶏	雞	512
量 ～人	個	071

ぬ		
動 盗む	偷	718
ね		
名 猫	貓	511
動[離] 熱が出る	發燒	606
動[離] 眠る	睡覺	215
動 眠る	睡	815
量 年	年	090
の		
助 ～の	的	009
動 望む	希望	392
形 ～の度	每	300
前 ～のために	為了	521
形 のどが渇いている	渴	471
名 ～のとき	時候	102
動 登る	上	690
動 登る	爬	910
名 飲み物	飲料	467
動 飲む	喝	252
副 ～のようだ	好像	976
動 乗る	騎	399
動 乗る	搭	933
は		
量 ～杯	杯	258
量 ～杯	碗	901
動 入ってくる	進來	170
名 はがき	明信片	772
名 博物館	博物館	906
名 箱	盒子	774
動 運ぶ	搬	714
名 橋	橋	595
名 箸	筷子	900
動 始める	開始	185
名 場所	地方	123
動 走る	跑	169
動[離] 走る	跑步	398
名 バス	公車	281
形 恥ずかしがりである	害羞	649
名 バスケットボール	籃球	481
名 パスポート	護照	904
動 働く	服務	863
名 8	八	061
形 はっきりしている	清楚	643
動 発生する	發生	747

日本語	中国語	番号
[名] 花	花	291
[名] 鼻	鼻（子）	597
[動[離]] 話をする	說話	175
[動[離]] 話をする	講話	730
[動] 話す	談	728
[動] 話す	講	729
[名] バナナ	香蕉	466
[動] 離れる	離開	699
[名] 母親	母親	529
[名] 歯ブラシ	牙刷	616
[形] 早い	早	617
[形] 速い	快	138
[名] 春	春天	343
[名] 春	春	549
[名] パン	麵包	462
[名] 番組	節目	778
[名] 番号	號碼	202
[名] ハンバーガー	漢堡	873
[名] 半分	半	067
[名] 半分	一半（兒）	341
ひ		
[名] 火	火	944
[名] ピアノ	鋼琴	917
[名] ビール	啤酒	881
[副] 比較的	比較	975
[名] 東	東	574
[名] 東	東邊	576
[量] ～匹	隻	539
[名] 飛行機	飛機	499
[名] 日頃	平常	969
[名] 美術	美術	837
[副] 非常に	非常	295
[名] ビスケット	餅乾	877
[名] 左	左	570
[名] 左側	左邊	118
[名] 筆記用具	筆	234
[名] 日付	日期	548
[名] 羊	羊	954
[動] 引っ張る	拉	914
[動] 必要としている	需要	680
[名] 人	人	035
[名] 100	百	066
[名] 病院	醫院	241
[名] 病気	病	604
[動[離]] 病気になる	生病	375
[名] 病人	病人	608
[動] 開く	開	184
[名] 昼	中午	097
[名] ビル	大樓	785
ふ		
[名] ファックス	傳真	752
[名] 風景	風景	504
[名] 封筒	信封	412
[名] フォーク	叉子	898
[名] 付近	附近	122
[名] 服	衣服	203
[名] 袋	袋子	927
[量] ～袋	包	541
[名] 豚	豬	955
[副] 再び	再	299
[名] 2つ	兩	065
[名] 筆	毛筆	846
[形] 太っている	胖	379
[名] 船	船（兒）	932
[名] 父母	父母	530
[名] 冬	冬天	346
[名] 冬	冬	552
[名] 冬休み	寒假	850
[形] 古い	舊	620
[名] プレゼント	禮物	411
[動[離]] 風呂に入る	洗澡	217
[量] ～分	分	101
[量] ～分	分鐘	349
[名] 文	句子	446
[名] 文化	文化	840
[名] 文章	文章	836
[動] 扮装する	裝	721
[名] 文法	語法	835
へ		
[前] ～へ	向	586
[名] ベッド	床	430
[名] 部屋	房間	421
[動] 勉強する	學習	225
[名] 勉強机	書桌	842
[形] 便利である	方便	284
ほ		
[名] 方角	方向	573
[名] 報告	報告	866

名 帽子	帽子	765
名 方法	辦法	799
名 方法	方法	800
名 他の人	別人	523
名 北部	北部	584
名 保険	保險	615
名 星	星星	939
名 ホテル	飯店	363
副 ほとんど	差不多	978
形 ほとんど同じである	差不多	655
名 本	書	235
量 ～本	瓶	257
量 ～本	條	540
量 ～本	枝	543
副 本当に	真	296
形 本当の	真	650
動[離] 本を読む	讀書	447
ま		
量 ～間	間	542
名 前	前（面）	116
動 負ける	輸	485
副 まだ	還	967
名 街	街	357
形 間違っている	錯	636
動 待つ	等	186
名 窓	窗（戶）	425
動 学ぶ	學	224
名 間もないとき	不久	563
形 丸い	圓	624
名 万	萬	337
形 満足している	滿意	660
み		
動 見かける	看見	724
名 右	右	571
名 右側	右邊	119
形 短い	短	382
名 水	水	254
名 湖	湖	506
名 店	商店	365
名 店	店	366
名 緑	綠色	769
名 みなさん	大家	034
名 南	南	580
名 南	南邊	582
動 身に着ける	戴	720
名 耳	耳朵	371
名 名字と名前	姓名	335
動 名字は～という	姓	039
動 見る	看	181
む		
名 向かい	對面	353
動 迎える	接	404
形 難しい	難	237
名 息子	兒子	052
名 娘	女兒	051
め		
名 目	眼睛	132
量 ～名	位	536
名 メール	電子郵件	408
名 眼鏡	眼鏡	414
名 メニュー	菜單	473
名 麺	麵	459
名 面倒	麻煩	801
動 面倒を見る	照顧	809
も		
副 ～も	也	302
フ 申し訳ない	對不起	020
フ 申し訳ない	不好意思	520
接 もし	要是	992
接 もし～なら	如果	991
副 もしかすると	也許	997
助 もしもし	喂	326
動 持つ	拿	187
動 持って行く	帶	192
副 持っていない	沒	007
動 持っている	有	005
副 最も	最	965
副 もともと	原來	993
副 もともと	本來	994
動 戻る	回	166
名 物	東西	196
名 物語	故事	920
名 問題	問題	229
や		
名 夜会	晚會	433
名 野球	棒球	483
動 焼く	烤	896
動 約束する	約	744

形 役に立つ	有用	632
形 やさしい	容易	238
形 安い	便宜	277
動[離] 休みになる	放假	848
動[離] 休みを取る	請假	449
動 休む	休息	431
形 痩せている	瘦	380
名 家賃	房租	781
名 薬局	藥房	613
名 山	山	287
動 やる	弄	707
ゆ		
名 夕方	晚	558
形 勇敢である	勇敢	648
動 郵送する	寄	403
名 郵便局	郵局	360
名 雪	雪	948
動[離] 雪が降る	下雪	508
よ		
形 よい	好	621
名 様子	樣子	656
名 曜日	星期	085
副 よく	常常	301
名 浴室	浴室	790
動 横になる	躺	722
動 呼ぶ	叫	726
動 読む	讀	178
動 読む	念 / 唸	854
前 ～より	比	309
名 夜	晚上	099
名 夜	夜	559
名 4	四	057
ら		
名 来年	明年	080
り		
動 理解する	了解 / 瞭解	676
動 流行する	流行	767
名 寮	宿舍	868
名 料理	菜	248
動[離] 料理を注文する	點菜	891
名 旅館	旅館	364
動 旅行する	旅行	488
動 旅行する	旅遊	903
動 離陸する	起飛	934

名 りんご	蘋果	251
名 隣人	鄰居	791
れ		
名 礼儀	禮貌	807
形 礼儀正しい	客氣	645
名 冷蔵庫	冰箱	754
名 歴史	歷史	232
名 レストラン	餐廳	259
名 レストラン	飯館	260
動[離] 列に並ぶ	排隊	704
名 練習	練習	739
動 練習する	練習	180
ろ		
名 老人	老人	527
名 労働者	工人	453
名 6	六	059
名 ロングコート	大衣	763
わ		
形 若い	年輕	387
動 わかる	懂	153
動 忘れる	忘	677
代 私	我	022
代 私たち	我們	027
動 渡す	交	710
動 笑う	笑	159
を		
前 ～を	把	1003
その他		
助（疑問や強調・確定の語気を表す）	呢	323
量（口のある器物を数える）	口	537
量（交通機関の発着回数や運航便を数える）	班	538
量（平らな形をしているものやかけらになっているものを数える）	片	340
助（動作の完了や実現、変化を表す）	了	324
助（動詞や形容詞の後において補語を導く）	得	320
代“你”の敬称	您	032
助（文末において語気を強調する）	啊	1001
助（文末において相談・要求、指示、同意、推測などの語気を表す）	吧	321

林 虹瑛 (リン コウエイ)

台湾台中県生まれ。台湾東呉大学日本語学科卒業。東京外国語大学大学院博士号取得（言語学）。日本台湾学会、日本中国語学会会員。日本台湾語言文化協会会長。東京外国語大学アジア・アフリカ言語文化研究所、神田外語大学などの講師を経て、現在、映画やドラマなどの台本翻訳、台湾語・中国語通訳。

協力

國家華語測驗推動工作委員會　日本台湾教育センター

本書および音声ダウンロードに関するお問合せは下記へどうぞ。
本書に関するご意見、ご感想もぜひお寄せください。

アスクユーザーサポートセンター　〒162-8558 東京都新宿区下宮比町 2-6
https://www.ask-books.com/support/

メールでのお問合せ： support@ask-digital.co.jp

公式サイト
お問合せフォーム 

ご意見・ご感想フォーム
※ISBN 下5桁「93766」をご入力ください。 

台湾華語単語 はじめの1000

2021年3月25日　初版　第1刷
2023年8月27日　初版　第3刷

著者……………… 林 虹瑛 ©2021 by Lin Hongying

イラスト……………… オガワナホ

デザイン……………… 岡崎 裕樹

ナレーター……………… 廖 怡錚　林 虹瑛　高野 涼子

スタジオ収録……………… 有限会社スタジオグラッド

DTP・印刷・製本…… 倉敷印刷株式会社

発行……………… 株式会社アスク
〒162-8558 東京都新宿区下宮比町2-6
電話 03-3267-6864　FAX 03-3267-6867
URL https://www.ask-books.com/

発行人……………… 天谷 修身

ISBN 978-4-86639-376-6　Printed in Japan